1. Yo Soy

mi Autoestima

Descubre tu grandeza y ámate a ti mismo

Patricia Anaya

Título: Yo Soy mi Autoestima

Subtítulo: Descubre tu grandeza y ámate a ti mismo

ISBN # 978-1-63895-004-2

Para cualquier solicitud, escribe a:

Patricia.Anaya.Coaching@gmail.com

Acerca de la Autora

Patricia Anaya, autora, conferencista y Coach de Educación y Consciencia, ha ayudado a cientos de personas a descubrir la grandeza dentro de sí mismas, conduciéndolas al logro exitoso de sus objetivos tanto en lo familiar como en lo profesional y financiero.

Como Licenciada en Diseño Gráfico y Mercadotecnia, estuvo dedicada durante más de quince años a impulsar emprendimientos hispanos en el área de Los Ángeles-California, apoyándolos para iniciarse y mantenerse exitosamente en el mercado.

Como Coach de Educación y Consciencia, ha estudiado el comportamiento humano, el poder de la mente, la energía y el Universo, programando nuevas creencias en nuestra mente subconsciente, creando proyectos para ayudar a mejorar la vida de las mujeres y las familias durante los últimos 20 años.

Ha trabajado con grupos de mujeres por los últimos 12 años -especialmente en el área de ventas directas en red- ayudándolas a conectar con su grandeza, lograr sus metas y crear un negocio exitoso desde el Ser.

Sus enseñanzas van desde programas y cursos de auto-educación, talleres presenciales y digitales, hasta Coaching Personal, siendo

YoSoyAbundancia *su Programa de Formación más reconocido; se trata de una Certificación online que dura 15 meses, en los que los participantes aprenden a crear la vida que desean.*

Soñadora empedernida y apasionada por los retos y metas ambiciosas, desde hace ocho años encabeza el movimiento mundial ***YoSoyAbundancia.***

Patricia Anaya sabe perfectamente que los seres humanos estamos diseñados para ser felices, abundantes y crear milagros todos los días.

Ella cree totalmente en ti, tal y como cree en ella misma, así que tu hora de desempolvar tu potencial, despertar y crear milagros, ha llegado...

www.facebook.com/YoSoyAbundancia.me

www.facebook.com/PatriciaAnayaCoach

www.facebook.com/Brainywoman

www.YoSoyAbundancia.me

Agradecimientos

Los tres libros que conforman esta colección están dedicados especialmente a la única persona que admiro: Abel Anaya, quien aceptó el reto de ser mi padre en esta vida humana y regalarme su sabiduría día a día desde que nací, tal y como aun lo sigue haciendo desde otro nivel de consciencia. Estos libros incluyen muchas de sus enseñanzas, que fueron mis primeras guías, especialmente las basadas en el amor, la gratitud y la confianza. Amo a ese ser tan especial que, con su ejemplo, más que con palabras, supo guiar mi rebeldía contra el sistema de Autoridades y Obediencia.

¡Gracias Pa', sigues siendo mi héroe y mi guía por siempre!

Hago este agradecimiento extensivo a mi madre, Estela Sánchez; ella junto a mi padre hicieron el mejor trabajo que pudieron para sacar siempre lo mejor de mí... ¡Gracias Ma', por tu paciencia conmigo, y por respetar mis decisiones!

Gracias también a Daniela Fernanda López Anaya, mi hija, quien siempre me ancla a la vida humana, aun cuando me esté dando las lecciones más profundas. Sin ella, habría sido muy fácil perderme en mi interior y mi imaginación. ¡Gracias Daniela, por ser mi mejor maestra en esta vida! Te amo...

Gracias a cada una de las personas que han coincidido conmigo en esta vida, compartiendo información y experiencias conmigo.

Y, por último, pero no menos importante, gracias a ti, que estás leyendo este libro, dándote el permiso de creer en tu grandeza y practicarla día a día.

¡Gracias, Gracias, Gracias!

Contenido

Introducción

Este libro está totalmente enfocado en ayudarte a mejorar tu autoestima, enseñándote a crear hábitos nuevos y más positivos para tu día a día. De esta forma lograrás renovar tus emociones y conductas, teniendo un acercamiento contigo mismo y descubriendo la capacidad y el potencial que tienes de transformarte en la persona que aspiras ser.

Mi especialidad es poner toda esta información en conceptos simples para que puedas practicarla en tu día a día en base a una filosofía de trabajo enfocada en *Solo por hoy...*

Los seres humanos no nacemos con hábitos; no es innato en nosotros. Los hábitos que tenemos son comportamientos que hemos aprendido y que realizamos de forma habitual: cepillarnos los dientes, conducir, atarnos los zapatos, escribir, o el simple hecho de caminar, son acciones que realizamos automáticamente, sin pensarlo mucho, por la repetición física.

Empleando conscientemente cada una de las herramientas que aquí te comparto, podrás estimular nuevas conexiones con tu entorno, alejándote de los pensamientos recurrentes que te preocupan, tomando conciencia a tiempo de tus dependencias a estados emocionales que has programado en el devenir de tu vida.

Las herramientas que pongo a tu disposición son 100% prácticas; es necesario que te des un espacio para que fluyan experiencias que enriquezcan tu percepción del mundo, mejorando tus habilidades físicas, mentales, sociales, y financieras, modificando tu comportamiento con las personas más cercanas, como la familia, la pareja, tus amistades y relaciones laborales.

Esta información te ayudará a desarrollar una mentalidad distinta: una nueva forma de pensar y de experimentar la realidad.

*Nuestra **autoestima** está relacionada a la forma en que ejercemos el amor propio, y es lo que garantiza el equilibrio de nuestro estado anímico en base a cómo nos valoramos, respetamos, aceptamos y superamos a nosotros mismos cada día.*

Siempre seremos libres de decidir lo que deseamos; cada uno de nosotros tiene la facultad de elegir a qué le presta atención, qué sentir, cómo percibir, pensar y actuar de manera positiva.

Tu voluntad, unida a la práctica de estas valiosas herramientas que hoy comparto contigo, generará nuevas habilidades para mantenerte más alerta, más creativo, más activo en cuerpo y mente, para que continúes nutriéndote de aprendizaje.

La decisión de lograr lo que anhelamos de la vida, la certeza de poder alcanzar aquellos objetivos que nos apasionan y la ejecución de los valores con los que nos identificamos como seres únicos, son la fórmula que nos permite encontrar el verdadero sentido de nuestro esfuerzo.

Muchas veces solo nos llenamos de información, pero no la ponemos en práctica; la información por sí sola no hace milagros: de nada vale pensar o creer que ya lo sabemos todo; si nosotros no accionamos, nada va a cambiar.

Con frecuencia, las personas juzgan prematuramente los instrumentos que pueden servirles para entender mejor sus procesos como seres humanos; la única forma de saber si algo nos funciona o no, es poniéndolo en práctica.

Una vez que empieces y seas constante en tu práctica, verás los resultados paulatinamente; si no es así, quiere decir que no estás poniendo la información en práctica de manera adecuada, o que estás haciendo mal uso de la misma.

Al igual que en muchos aspectos de la vida, en la vida espiritual también requerimos de un mínimo de disciplina; no se trata de obligarnos o exigirnos algo, sino de crear valores que fortalezcan nuestra autoestima a través de conceptos simples, posibles de aplicar en la cotidianidad a través del *Solo por hoy*.

En todas mis conferencias, talleres y cursos, y por supuesto cada mañana en mi día a día, realizo una Oración de Apertura que me conecta conmigo misma, con mi divinidad, con Dios y con el universo, para que la jornada sea maravillosa desde la afirmación inicial de que así será.

Se trata de un buen hábito que te invito a incorporar a tu vida, y que te comparto para iniciar esta lectura con la mejor motivación:

Buenos días Dios. Buenos días Universo...

Aquí estoy, ¡listo/a para empezar un día maravilloso!

*Yo estoy abierto/a al **AMOR**.*

Yo le doy la bienvenida al amor en mi vida.

Yo soy amor.

Cada célula de mi cuerpo, junto con mi mente y espíritu

vibran en amor incondicional.

*Yo estoy abierto/a a la **SALUD**.*

Yo le doy la bienvenida a la salud en mi vida.

Yo soy salud.

Cada célula de mi cuerpo, junto con mi mente y espíritu

vibran en salud.

*Yo estoy abierto/a al **DINERO**.*

Yo le doy la bienvenida a la abundancia en mi vida.

Yo soy abundancia.

Cada Célula de mi cuerpo, junto con mi mente y espíritu

vibran en abundancia.

*Yo estoy abierto/a la **FELICIDAD**.*

Yo le doy la bienvenida a la felicidad en mi vida.

Yo soy felicidad.

Cada Célula de mi cuerpo, junto con mi mente y espíritu

vibran en felicidud.

*Yo estoy abierto/a al **ÉXITO.***

Yo le doy la bienvenida al éxito en mi vida.

Yo soy éxito.

Cada célula de mi cuerpo, junto con mi mente y espíritu

vibran en éxito.

*Yo estoy abierto/a y listo/a para **RECIBIR***

todo lo bueno que merezco y creo cada día.

Gracias Dios, por este día maravilloso.

Gracias Dios por darme lo mejor, y por todo lo que recibo HOY.

Gracias Dios por esta vida maravillosa.

Bienvenido Amor. Bienvenida Salud. Bienvenida Abundancia.

Bienvenida Felicidad. Bienvenido Éxito en mi vida.

AMÉN.

¡Te doy la bienvenida
a una vida mejor!

1. ¿Qué es la Autoestima?

Yo Creo mi Vida

en base a lo que Yo Creo

de mi mism@

Patricia Anaya

EL AMOR A MÍ MISMO

Desde que somos niños escuchamos constantemente la palabra *autoestima*, sin saber muy de qué se trata; por intuición la relacionamos con el amor propio o el amor a sí mismo, y a medida que vamos creciendo nos hacemos cada vez más conscientes de las diferentes perspectivas y puntos de vista que tenemos de la vida, y de cómo le damos valor a nuestras capacidades.

La *autoestima* se convierte en la definición que hacemos de nosotros mismos, de lo cual se desprenden muchas interrogantes relacionadas con quiénes somos; empezamos a cuestionarnos conductas que se han desarrollado a lo largo de nuestra vida, forjando nuestra identidad, determinando cómo percibimos el mundo, cómo enfrentamos los retos, cómo sentimos, actuamos, confiamos, creemos y nos respetamos.

Particularmente, a mí me encanta desglosar las palabras desde el punto de vista etimológico, es decir, desde el origen de su significado, para poder comprenderlas un poco mejor. La palabra **autoestima** está compuesta por dos conceptos básicos:

Auto = Mi propia persona
Estima = Respeto, admiración

Si juntamos ambas palabras, se convierten en: Mi propio respeto, o mi propia admiración; en realidad, se refiere a cómo cada individuo valora su propia vida.

Los seres humanos somos creadores por naturaleza.

Esto quiere decir que, consciente o inconscientemente, lo queramos o no, lo sepamos o no, a cada momento estamos generando todo lo que experimentamos en nuestro día a día.

Nadie crea la vida por mí ni por ti, sino que cada quien crea la suya propia. Crear nuestras propias bases es algo que se hace de adentro hacia afuera; es aquí donde comenzamos a darle a nuestra existencia la importancia que merece.

Tu amor propio parte de cuánto te valoras; aquí surge otra palabra que nos retumba y mueve todas nuestras fibras cuando la escuchamos. ¡Sí! Hablamos de la palabra *amor*, la misma que usamos y aplicamos indiscriminadamente de manera errónea, y por eso, en lugar de ayudarnos, muchas veces nos limita.

Nos han enseñado o hemos creído que el amor solo ocurre cuando se proyecta hacia otras personas; me refiero al amor a los hijos, el amor de pareja, el amor de hermanos, el amor hacia las amistades...

Casi nunca hablamos del amor a uno mismo.

El amor es la fuerza que nos impulsa a hacer las cosas bien; es un sentimiento moral que nos lleva a actuar de forma correcta en nuestra vida y con todos aquellos con quienes nos relacionamos, trayendo como resultado plenitud, paz, tranquilidad, abundancia, respeto, compromiso y bienestar con nosotros mismos.

Cuando hablamos de autoestima, pareciera que se tratara de un tema más inclinado hacia nosotras las mujeres, pero realmente no es así: la autoestima no es para mujeres ni para hombres; es un asunto de interés para todo ser humano, pues cada uno de nosotros está aquí por amor.

No importa cómo fuimos concebidos: accidentalmente, por error, sin ganas... Eso no impide que seamos seres humanos, y como tales, nuestra razón de ser siempre estará basada en el amor.

No importa lo que hayas vivido, o como te hayan tratado: lo único que importa es que eres un ser humano, y que el amor está ahí, dentro de ti, para que lo practiques, para que lo actives cuando quieras.

Hemos sido programados para ver siempre hacia afuera y no hacia adentro; siempre entendemos el amor como una dependencia, y lo hemos limitado al verlo con expectativas; incluso el vínculo entre la madre y sus hijos, que es el amor más puro del cual se habla, muchas veces está condicionado.

¿Cuantos padres y madres esperan a que sus hijos los cuiden cuando sean grandes, o les regresen "lo que les dieron"? Siempre esperamos muchas cosas a cambio del amor que entregamos, y si no somos correspondidos, dejamos de querernos, incluso a nosotros mismos.

Se ama por el placer de amar; eso es todo. El amor condicionado rompe la regla mágica del Universo:

*Lo que doy es lo mismo
que regresa a mí,
y regresa multiplicado.*

Si das amor condicionado, eso mismo recibirás, y es algo altamente nocivo para ti; estarás predispuestos al amor, a que las personas siempre terminen haciéndote daño.

Recuerda que tú eres fuente de amor: el dar amor no te va a quitar el amor; no te vas a quedar vacío, ¡por el contrario! Si tú das amor, regresará a ti multiplicado.

Te invito a hacerte las siguientes preguntas:

¿Cómo te amas ¿Amas con condiciones? ¿Amas con expectativas? ¿Amas para que te amen?

Constantemente vivimos en un proceso de aprendizaje: todo requiere su debido tiempo y está supeditado a las circunstancias del día a día. Nos hemos acostumbrado a esperar que las cosas sucedan en un dos por tres, pero estos procesos no se dan de la noche a la mañana. Cuando queremos que las cosas ocurran ya, y vemos que no suceden, por lo general nos desesperamos y terminamos abandonando toda iniciativa, bien sea que se trate de una simple acción cotidiana o un gran proyecto.

La clave está en no desesperarnos,
tener paciencia
y pensar en el ahora.

A esto se refiere la afirmación **Sólo por hoy**: no esperes ver los resultados en un día, en dos días, en un mes, en un año... Trabajar en el amor y la autoestima, experimentar el *aquí* y el *ahora* en perfecta armonía con nuestra esencia y con nuestro entorno, conectándonos con el presente, es un trabajo de todos los días.

El pasado nos encadena a situaciones que no hemos superado, y el futuro es muy incierto para hacer planes, por lo que siempre termina atormentándonos. Vivir anclados al pasado o al futuro nos deja a merced de las emociones, que si bien son parte de nuestro ser, muchas veces nos gobiernan, volviéndonos pasionales, irracionales.

Existen técnicas muy eficaces para aprender a gestionar nuestras emociones, y una de ellas consiste en **reprogramar la autoestima**; una vez que hemos sustituido los programas erróneos que obstaculizan nuestra imagen de nosotros mismos, ya no requerimos esforzarnos más en ello, pues los nuevos comandos se ejecutarán "automáticamente", y lo mismo sucede con el amor en su sentido amplio: si lo practicas constantemente y de la forma adecuada, todo lo relacionado con él se dará de manera automática.

Hay muchas preguntas que podemos hacernos, y solo tú tienes las respuestas a tus interrogantes. Te invito a que reflexiones en lo siguiente: como seres humanos, tenemos el poder de mejorar nuestra vida; poseemos la habilidad de poder hacer cambios, de despertar, de ser conscientes... Una de las formas más eficaces para empezar a reprogramar muchos aspectos de nuestra vida es a través de la escritura:

*Ten a la mano un cuaderno
y escribe en él
todas tus afirmaciones.*

Hazlo por 15, 20 o 30 minutos al día; conéctate contigo, haz una introspección, ve hacia adentro. Te recomiendo que te hagas las siguientes preguntas:

◊ **¿Qué tanto te cuidas a ti mism@?**

(Se refiere a las decisiones conscientes que tomas a diario y que contribuyen a incrementar tu bienestar).

◊ **¿Qué tanto te amas a ti mism@?**

(Tiene que ver con reconocerte como lo más grandioso e importante en tu vida).

◊   **¿Qué tanto crees en ti mism@?**

(Se refiere al grado de confianza que tengas en ti mismo y tu capacidad para lograr todo lo que te propongas).

◊   **¿Qué tanto te respetas a ti mism@?**

(Implica reconocer, expresar y satisfacer con sinceridad lo que realmente necesitas y sientes).

◊   **¿Qué tanto te admiras y te valoras?**

(Significa reconocer tus logros, sentirte orgulloso de ser quien eres, y que tu autoestima no dependa de las opiniones ajenas).

◊   **¿Qué tanto te aceptas a ti mism@?**

(Esto implica reconocerte tal y como eres en este momento, ya que esto te permitirá mejorar lo que sea necesario).

◊   **¿Qué tanto te mereces cosas buenas?**

(Refleja tu convicción de que puedes obtener lo mejor de la vida).

◊   **¿Qué tanto valoras tu tiempo y lo que haces?**

(Significa reconocer la forma en que inviertes tu tiempo y tus acciones para otorgarle sentido a tu existencia en este plano físico).

◊ **¿Qué tanto valoras tu palabra?**

(Lo que dices va cargado de energía creadora; valorar tu palabra significa mantener la consistencia entre lo que piensas, lo que sientes, lo que haces y lo que dices).

◊ **¿Quién es ese ser humano que vive en ti, y qué tanto lo cuidas?**

(Algunas veces nos resulta más sencillo cuidar de demás; hacer el ejercicio de vernos como otra persona nos permite evaluar mejor la forma en que nos relacionamos con nosotros mismos).

El amor no existe sin cuidados; es ahí donde nos damos cuenta que la mayoría de las personas no tienen autoestima, porque no se cuidan ni se respetan a sí mismas, y terminan limitándose.

Cuidarse implica muchas cosas, como por ejemplo el alimentarse sanamente: quien no cuida su alimentación, comiendo lo que sea, a cualquier hora y en grandes cantidades, no se está amando a sí mismo. Puede sonar exagerado, pero es así.

¿Te imaginas cómo estuviéramos en este momento, si nos cuidáramos como lo más importante de este mundo? ¡Porque eso es lo que somos, todos y cada uno de nosotros!

¡Yo soy lo más importante de este mundo!

No estoy hablando con arrogancia ni con soberbia, porque ninguna de ellas demuestra una verdadera autoestima, a pesar de que la mayoría de las personas han crecido escuchando que tener autoestima significa tener exceso de amor propio. Eso no existe.

Quédate con esto: el amor puro jamás te va a hacer daño, ni a ti ni a nadie. Si tu amor le está haciendo daño a alguien, no es amor, y si el amor de alguien te está haciendo daño, tampoco lo es; puede tratarse de soledad, miedo, duda, vacío, expectativas, pero no es amor.

NUESTROS CINCO CUERPOS

¡Así como lo lees! Los seres humanos tenemos cinco cuerpos, a los que debemos cuidar en todos los aspectos, y son:

◊ **El Cuerpo Físico-Biológico:** *¿Cómo me cuido?*

→ Mi cuerpo biológico me ayuda a transportarme en esta vida; si falla, puedo enfermarme, y posiblemente esté acelerando mi camino a la muerte.

→ Debo estar atento de cuánto y cuándo cuido mi cuerpo físico, verificando si mis hábitos y mis rutinas diarias me ayudan a cuidarme, o si por el contrario me están perjudicando.

→ El no dormir bien, el no descansar lo necesario, el comer fuera de las horas porque ni siquiera tengo el tiempo para hacerlo, o pasar mucho tiempo preocupado, estresado, frustrado, desanimado, cansado y muchas cosas más, indican que es momento de prestar atención.

Por fortuna, desde hoy puedo empezar a cuidarme; desde hoy puedo tomar cartas en el asunto para poder sentirme bien, para poder mejorar mi salud, para poder mejorar mi vida: trabajar en mi estado físico, comer mejor, hacer ejercicios, dormir bien, ponerle cuidados a mi cuerpo.

¿Qué vas a hacer hoy
para empezar a cuidar
tu cuerpo físico?

◊ **El Cuerpo Mental: ¿Qué estoy pensando y qué estoy diciendo?**

El cuerpo mental incluye todos nuestros pensamientos y palabras. Todo lo que pensamos se relaciona con el cuerpo mental: en qué estoy pensando, si lo que estoy haciendo lo hago bien, o si me está haciendo daño... Es necesario saber qué estamos pensando la mayor parte del tiempo; pensamos en cosas que nos hacen daño, creemos en cosas que nos lastiman o que enturbian nuestro cuerpo emocional.

¿Qué vas a hacer hoy para empezar a cuidar tu cuerpo mental?

◊ **El Cuerpo Emocional: *¿Cómo me siento?***

"La mayor parte del día siento frustración, estrés, cansancio, siento como si no valiera la pena vivir..." Los obstáculos que se reflejan en nuestro cuerpo emocional evidencian desajustes en nuestro cuerpo espiritual.

¿Qué vas a hacer hoy para empezar a cuidar tu cuerpo emocional?

◊ **El Cuerpo Espiritual: *¿En qué creo?***

Todos los seres humanos tenemos una parte divina que nos permite creer, considerar una cosa como verdadera, tener certeza y conocimientos sobre diversos aspectos de nuestra vida.

El Cuerpo Espiritual está integrado por tus Divinidades: Fuerza Creadora (Dios/Universo), Ángeles, Arcángeles, Santos, Maestros Ascendidos, personas que ya murieron y que amaste, y toda entidad en la que tú creas que está en otro nivel de consciencia.

Si hay un conflicto en ti debido a tus creencias religiosas, como si tú tuvieras la única verdad y todos los que creen en algo diferente están equivocados, entonces debes poner atención a tus convicciones.

¿Qué vas a hacer hoy para empezar a cuidar tu cuerpo espiritual?

◊ **El Cuerpo Energético: *¿Cuál es mi energía?***

El cuerpo energético es la suma de los otros cuatro cuerpos; consiste en la energía que cada uno de nosotros tiene la capacidad de emitir todos los días.

El ser humano es energía, y como tal, está lleno de centros energéticos, como los chakras, los meridianos, etc. Existen personas que pueden percibir la energía que irradia los seres vivos, a la cual denominamos aura, que es la sensación que emanamos hacia los demás y es una parte de Merkabah, el vehículo de luz que está alrededor de nuestro cuerpo, proporcionando protección y trasportando nuestra conciencia a una conexión y crecimiento con nuestra propia energía.

¿Qué vas a hacer hoy para empezar a cuidar tu cuerpo energético?

Nuestros cinco cuerpos están interconectados entre sí: cuando mi cuerpo físico está bien balanceado, mi cuerpo emocional estará balanceado; cuando mi cuerpo mental esté balanceado, mi cuerpo espiritual estará balanceado, y en consecuencia, toda mi energía está balanceada.

Si no me cuido, estoy demostrando que no me amo; si yo predico una práctica que debe generar buenos resultados en términos de salud tanto física como mental y emocional, y soy una persona enferma, quiere decir que no me estoy cuidando como se debe.

Cuánto nos cuidamos es equivalente a cómo nos vemos.

Cuando nos preguntamos qué tanto nos amamos, qué tanto nos valoramos, qué tanto creemos en nosotros y qué tanto nos respetamos, se abre un abanico de posibilidades que podemos usar a nuestro favor, adquiriendo la capacidad de descifrar los códigos que se nos presentan.

Por ejemplo, cuando alguien nos falta el respeto, eso que exteriorizamos es una proyección, como si se tratara de un espejo: el mundo nos está mostrando lo que traemos para que lo veamos con nuestros propios ojos.

Si alguien me maltrata y yo me siento ofendida, tengo que poner más atención a lo que siento, no tanto por la persona que hizo la ofensa, sino para saber por qué yo siento que eso me ofende.

Vivimos faltándonos el respeto a nosotros mismos, y no nos damos cuenta. Nos faltamos el respeto cuando no nos cuidamos, cuando no tomamos suficiente agua, cuando no comemos sanamente, cuando dejamos pasar las oportunidades por pereza, cuando nada nos importa...

Por eso, cuando alguien me falta el respeto, me está dando la oportunidad de darme cuenta de las veces en que yo también me he agredido. En vez de enfocarme en molestarme, en criticar a esa persona o juzgarla, mejor me enfoco en mí; me evaluó y me pregunto si realmente me estoy cuidando, si estoy tratándome bien.

Lo que pasa allá afuera es un reflejo de lo que yo traigo por dentro, y es en lo que necesito trabajar.

En lugar de reaccionar ante las situaciones y ante las personas, me ayuda mucho más que me evalúe; con esto no les estoy quitando responsabilidad a las personas que ofenden a otras; lo que te quiero decir es que, si realmente quieres cambiar, debes enfocarte en ti, y no en los demás.

*Cuando yo cambio, todo
a mi alrededor cambia.*

Por fortuna, la única persona a la que yo puedo cambiar es a mí misma; por más que quiera, no puedo cambiar a los demás. Es importante que observe siempre hacia mí, no para hacerme daño, no para sentirme víctima, no para sentirme culpable, sino para saber qué puedo hacer para mejorar.

*¿Qué tanto me admiro y me valoro?
¿Qué aspectos requiero trabajar
en mí mismo
para no sentirme ofendido?*

Vivimos en una sociedad que alaba el sufrimiento, alaba el sacrificio, alaba el dolor. Estamos programados para ser víctimas, y vemos el ocuparnos por nosotros mismos como arrogancia, prepotencia y exceso de amor propio.

Recuerda que no hay exceso de amor propio. ¡Nadie se ama de más!

Todo esto se traduce más bien en falta de autoestima: las personas arrogantes o prepotentes no tienen autoestima; les falta amor propio, y por eso requieren sentirse más que otros, humillando a los demás para sentirse bien.

En el fondo, les falta amor... Así que, ¡no confundamos las cosas!

Repito: el amor nunca nos va a hacer daño, ni a mí ni a nadie; cuando amo lo que soy, amo todo lo demás; cuando creo que soy el ser más importante de esta vida, también creo que los demás seres humanos son lo más importante en esta vida.

No soy mejor ni peor que nadie; simplemente soy un ser humano... Eso es lo que hace el amor.

AUTOESTIMA

El amor nos hace y nos ayuda a ver la grandeza de las personas, empezando por la mía; si no puedo ver mi propia grandeza, no puedo ver la grandeza de los demás, así que el amor es total.

No confundamos las cosas: no existe algo que

se pueda llamar "exceso de amor"; ni mucho menos "exceso de autoestima". Cuando me amo, me siento pleno, me siento bien, me puedo admirar.

Estamos acostumbrados a escuchar a la gente decir: "¡Ay! Es que a mí no me sale bien esto", pero cuando llega alguien que nos dice: "Yo soy súper bueno para eso; a mí me sale bien", de inmediato esa persona es rechazada por los demás, no porque sea mala, sino porque no estamos acostumbrados a escuchar que alguien diga que es bueno para algo, que le sale bien algo, que se sienta confiado, y por eso nos parecen arrogantes y prepotentes.

Trabajar mi autoestima es un proceso muy íntimo, y la mayoría de las veces los demás no lo van a entender; es ahí donde tengo que tomar decisiones, saber cómo elegir mi entorno.

Somos un producto de nuestro medio ambiente.

Si vives en un ambiente en el que nadie se ama ni se respeta a sí mismo, donde nadie se valora, lo más probable es que tú tampoco lo hagas. Cuando empieces a trabajar en tu autoestima vas a tener que salir de alguna manera de ese ambiente; si continúas dejándote absorber por tu entorno, hay muchas posibilidades de que no puedas cambiar.

Con esto no quiero decir que debamos separarnos definitivamente de las personas; podemos trabajar en nuestra autoestima usando la *auto-sugestión*, que significa bombardearme con información que apoya lo que yo quiero o aquello en lo que estoy trabajando.

De esa manera, nos enfocamos en practicar esa información, y no en lo que las personas a nuestro alrededor hacen o dicen.

Si vives en un ambiente muy limitado donde la gente no se ama, no se respeta ni se valora, este libro te ayudará a autosugestionarte, brindándote información que apoya lo que quieres ser, cambiando esos conceptos y creencias que te perjudican y que no te dejan desarrollarte.

Lo más probable es que el mismo universo conspire a tu favor y te lleve a tomar decisiones que te van ir mostrando innumerables alternativas para que salgas de ese círculo, o que incluso tú cambies el círculo, haciendo que las personas que viven a tu alrededor también empiecen a cambiar.

Cuando se hace desde la consciencia, el proceso de cambio es contagioso.

Recuerda: "Cuando yo cambio, todo a mi alrededor cambia"; ¡esa es la realidad! Sin embargo, la única manera que yo tengo de cambiar es desde adentro. Cuando yo cambio, me acepto tal cual soy, y mi medio ambiente cambia porque yo genero otra vibración.

Hay una gran diferencia entre *"aceptar"* y *"resignarse"*. Aceptar es el primer paso para que yo pueda cambiar; es reconocer que las cosas siempre pueden ser distintas... Quizás en este momento no tengo el cuerpo perfecto, pero puedo trabajar en mí, puedo mejorar mi cuerpo mediante el ejercicio físico, alimentándome mejor, eligiendo conscientemente todo lo que ingiero, adoptando nuevos hábitos...

Resignarse en cambio, es darse por vencido: *"Pues si ya estoy gorda, ¿qué importa un cacahuate más?"*. Esto significa que no tienes autoestima; que no te amas.

Aceptar es el primer paso para que yo pueda hacer un cambio y reconocer que tengo una situación que no me agrada, que no me hace sentir bien, y entonces pongo manos en el asunto para cambiarlo, para hacer algo mejor, porque yo creo en mí, yo soy el ser más poderoso del universo y lo puedo todo; es cuestión de que yo lo decida, de que yo lo quiera. Esto es aceptar.

Yo merezco solamente cosas buenas;
por lo tanto,
nada malo me puede pasar.

Esta es sin duda una de mis frases favoritas; tengo también muchas reglas sencillas que aplico a mi vida, y esta es una de ellas: cuando me sucede algo que no me gusta o no estaba en mis planes, me pregunto: ¿Dónde está lo bueno aquí? ¿Para qué me va a ayudar esto?

A lo mejor es algo que yo necesitaba aprender, pero solo puedo darme cuenta de ello cuando cambio la manera en que veo las cosas.

Esta es otra frase que aplico en mi cotidianidad: *Cuando yo cambio la manera de ver las cosas, las cosas cambian.* Este es un claro ejemplo de lo que te acabo de explicar: recuerda que todo tiene dos lados; ¿qué quieres ver, el problema o la solución? ¿lo que te sirve o lo que no?

Es así como debes ir evaluando las cosas y poniéndolas en práctica en tu vida diaria; esta información no es para que la guardes, sino para que la apliques hoy, mañana y siempre.

¿QUÉ TANTO TE VALORAS?

Cuando me amo a mi mismo, valoro lo que hago, valoro mi trabajo, valoro lo que tengo, valoro a las personas, valoro mi servicio. En cambio, si yo no me valoro, las demás personas menos lo van a hacer; recuerda que el mundo a nuestro alrededor es un espejo que nos está mostrando todo lo que somos, todo lo que tenemos dentro, todo lo que practicamos.

Cuando yo me valoro,
las demás personas me valoran.

◊ **¿Cuánto valoro mi trabajo?**

Si regalo mi trabajo, la gente me va a regatear, la gente no me va a comprar, la gente no va a querer nada de lo que hago, porque no van a valorar mi trabajo. Cuando valoro mi trabajo y el servicio que presto, la gente se va a identificar conmigo, y a valorar mi trabajo al igual que yo.

◊ **¿Cuánto valoro mi tiempo?**

Si no valoras lo que haces, pierdes el tiempo, y este avanza de manera inexorable; no hay nada que podamos hacer para modificar su curso. Cuida a quién dedicas tu tiempo... ¡Cada instante cuenta!

◊ **¿Cuánto valoro mis palabras?**

Vivimos en un mundo en el que la palabra ya no tiene valor; nos han programado para que sea de ese modo. ¿Cuántas veces hemos dicho "lo vamos a hacer", y no hacemos nada? ¿Cuántas veces hemos dicho "te voy a llamar", y no llamamos? Necesitamos empezar a valorar nuestras palabras, no para los demás, sino para que nuestras vidas empiecen a tomar forma, para que nuestras vidas se conviertan en la vida que queremos. Necesitamos hacer valer nuestra palabra, por pequeña que sea: si digo: "lo vamos a hacer", ¡lo hacemos! Si yo digo: "te voy a llamar", ¡lo hago! Si yo digo que hoy empiezo algo, ¡lo empiezo! No es necesario que me comprometa con nadie más que conmigo mismo; ese es el verdadero compromiso, el más importante.

Aquí no importa que quedaste con la vecina, o que quedaste con la maestra, o que quedaste con alguien más; aquí importa que es tu palabra y tienes que darle su valor.

Cuando mi hija estaba más chica, comencé a llevarla conmigo a distintas actividades, y recuerdo que ella me decía:

—¿Para qué llegamos tan temprano, si los demás llegan tarde?

—Porque mi palabra vale—le respondía—, y yo soy puntual; a mí me gusta llegar temprano.

Hay otra diferencia importante, y es entre compromiso y convicción.

El compromiso depende de un motor externo; es una promesa que se hace a alguien más, y que debe ser cumplida, incluso más allá de nuestros verdaderos deseos.

En cambio, la convicción surge de una motivación interna, y no necesita que nadie más que tú se entere de que lo has cumplido, ya que es un asunto pendiente contigo mismo. Todo esto nos lleva a retomar la pregunta:

¿Quién es ese ser humano que vive en ti, y cuánto lo cuidas?

Para empezar, te invito a que creas que ese ser humano que vive en ti es lo más maravilloso y poderoso de este mundo, pero depende de ti, depende de cuánto lo cuides, depende de cuánto le ames, depende de cuánto lo respetes, depende de cuánto creas en él o en ella, depende de cuánto te admires, de cuánto te valores, de cuánto te aceptes, de cuánto creas que mereces.

Ese ser humano está ahí, pero para la mayoría está dormido; en ti está despertarlo, y espero que este libro te sirva para que lo hagas, porque aunque no lo recuerdes, ese ser fantástico todo lo puede.

2. Tres Pasos para Mejorar mi Autoestima

La peor soledad es

no estar a gusto con uno mismo.

Mark Twain

La autoestima nos brinda el equilibrio de reconocer nuestro propio valor; al fin y al cabo, el vínculo más prolongado y estrecho que tendremos siempre es con nosotros mismos, por lo que es de suma importancia relacionarnos de forma armoniosa con quienes somos.

Cultivar una sana autoestima implica conocernos a nosotros mismos; apreciar tanto nuestros aspectos positivos como los negativos, sin poner nunca en entredicho nuestro valor como seres perfectos.

Tener autoestima parece ser una de las tareas más difíciles de llevar a cabo por el ser humano; es por ello que, a continuación, te propongo unos sencillos pasos que te pueden ayudar a equilibrar tu paz interior, restableciendo tu relación contigo mismo.

41

1. SANA TU PASADO... Y DÉJALO IR.

Nuestras vivencias del pasado son de suma importancia, y por ello debemos estar conscientes y comprender que en nuestras experiencias vividas hay aspectos que necesitamos sanar, superar y dejar ir. Nunca debemos menospreciar la importancia que ha tenido el pasado para forjar nuestro presente, aunque muchas personas así lo crean y se reconforten diciendo que *"el pasado queda en el pasado"*.

Tengo que decirles que esto no es así: el pasado no está en el pasado, sino que sigue latiendo en el presente de la mayoría de las personas. Hay eventos emocionales que logran subsistir por largos periodos de tiempo... 20, 25, 30 años, y aún están ahí, haciendo sus estragos, sin dejarte vivir plenamente. Son esas escenas que recuerdas recurrentemente y que se han programado en tu mente pasando a convertirse en una carga que llevas contigo constantemente, y cada vez que pasa algo que estimule esas experiencias, por buenas o malas que hayan sido, se activan y vuelven al presente.

Si no sanamos nuestro pasado, el Ser Poderoso que todos tenemos dentro queda aprisionado bajo esa carga de recuerdos que son perjudícales para nuestra salud emocional, mental y física, y de esa manera es imposible llegar a desarrollar una sana autoestima. No se trata de postergar y encubrir esos recuerdos una y otra vez, porque el problema siempre va a persistir. Todo proceso de sanación es doloroso, pero el dolor es pasajero; siempre pasa, tarde o temprano. Por eso, no debemos temerle. En cambio, cuando hacemos del sufrimiento un hábito, se convierte en una enfermedad crónica; nos convertimos en víctimas y arrastramos a todos los demás con nosotros.

Cuando estamos en ese punto, es muy difícil salir de ese ciclo. Recuerda que lo que damos es lo que recibimos; si asumimos el papel de víctimas, encontraremos victimarios en cada paso de nuestro camino.

Todo proceso de sanación sin duda es doloroso, pero el dolor puede aliviarse, mientras que el sufrimiento no.

Es importante, prioritario y necesario que aprendamos y decidamos de una vez por todas sacar la luz que está dentro de nuestro Ser; esto no significa andar pregonando que te has iluminado, sino todo lo contrario: se trata de un profundo proceso interior.

El perdón y la redención son para ti; se trata de ti por sobre todas las cosas. Es una decisión que debes tomar y poner en marcha inmediatamente; no sirve de nada seguir cargando con cosas que te obstruyen e impiden ser feliz.

Uno de los síntomas más característicos de las personas que no sueltan su pasado, es que buscan olvidar sus penas cayendo en el alcoholismo; comienzan con una copa, luego otra, y al pasar de los días terminan sumidos en esta terrible enfermedad del cuerpo y del espíritu.

Quienes optan por perder la conciencia a través del alcohol o de cualquier otra adicción, no han desarrollado la capacidad de disfrutar de su vida, y por eso se dedican día tras día a intentar huir de su realidad. Probablemente no se dan cuenta de ello, porque toda su atención está enfocada exclusivamente en olvidar, en pretender ignorar sus circunstancias, y terminan convirtiendo ese comportamiento en un hábito.

Como ya sabemos, el alcohol nos desinhibe casi inmediatamente; pero cuando pasan sus efectos, volvemos a la realidad, con el agravante de que, seguramente, los ´problemas que pretendíamos ignorar siguen ahí, y quizás hayan empeorado debido a nuestro comportamiento. Cuando las cosas llegan al fondo, es el momento de reconocer nuestro miedo; no de olvidarlo por momentos.

Por miedo, por prejuicios y por otros factores, las personas que han sufrido experiencias muy dolorosas temen abrirse a la posibilidad de la sanación. Ir por la vida arrastrando esas heridas del pasado es como seguir pateando una pelota a la que le hemos puesto un parche: corremos el riesgo de que, tarde o temprano, el parche se salga y terminemos sin aire, sin fuerzas y sin impulso.

Ese es el comportamiento generalizado: vivimos poniéndole parches a todo, y si esos parches se nos caen, los volvemos a poner. Repito y seré insistente: ¡no vuelvas a lo mismo! Atrévete a reconocer tu pasado para sanarlo.

El dolor no va a durar toda la vida; no permitas que se convierta en sufrimiento, en culpa, en "pobrecito de mí"; estas actitudes solo harán que te topes con personas dispuestas a hacerte daño, y no porque sean intrínsecamente malas, sino de que eres tú quien atrae y genera esas situaciones para poder verte a ti mismo como el perjudicado.

Lo que doy, es lo que recibo.

Si no eres feliz, debes darte cuenta de que eres tú quien está atrayendo a tu vida todo eso que no deseas. Es lo que ocurre por ejemplo en muchos casos de violencia doméstica, en los que las personas salen de una relación y en la siguiente, vuelven a encontrarse con las mismas circunstancias; vuelven a repetir el patrón, simple y sencillamente porque no han sanado.

Ante cualquier circunstancia, te sugiero que te preguntes: ¿Dónde está lo bueno aquí?, ¿Para qué y por qué me está pasando esto?, ¿Qué puedo aprender?, ¿Qué requiero aprender, y de qué manera lo voy a aprender?

Mientras sigamos enfocados en culpar a los demás, nunca vamos a aprender. No comparto la idea de que el dolor, el sufrimiento, el sacrificio y la lucha sean los mejores maestros; lo que si es cierto es que la mayoría de las personas no aprenden porque siguen culpando a la situación, a las circunstancias o a los demás, y terminan lavándose las manos.

Hay una gran diferencia entre ser responsable y sentirse culpable: ser responsable es tomar lo positivo de la situación para aprender de ella, mientras que sentirse culpable es vernos como víctimas, receptores pasivos de factores ajenos a nosotros y seguir atrapados en el papel de "pobre de mí".

Toda circunstancia tiene dos caras; una positiva, que me ayuda, y una negativa, que me hace daño. Tú decides en cuál te enfocas.

Específicamente, hay **tres cosas que podemos hacer con el pasado**:

1. Dejar ir lo que no nos sirve, y aprender de la experiencia. Todos hemos experimentado vivencias que no fueron de nuestro agrado, y que al menos nos dejaron la enseñanza de saber que no las queremos en nuestra vida. Siempre tenemos la libertad de aprender lo que deseamos, y dejar ir lo que no deseamos; lo más importante en el camino hacia el crecimiento interior es asumir nuestra responsabilidad en todo lo que nos sucede.

No culpes al gobierno, al sistema, al médico o a cualquier otro factor externo a ti; el aprendizaje solo se da cuando asumimos que somos nosotros quienes creamos lo que vivimos.

2. Sanar todo lo que no te gusta o te daña. Aunque nos duela, necesitamos atrevernos a sanar definitivamente, y no de gotita en gotita. Cuando el dolor pase, todo cambiará automáticamente; reconocer lo que nos daña nos permitirá conseguir una solución más asertiva; no se trata de dividir el dolor, sino de sanarlo de forma permanente, pues de lo contrario se irá expandiendo sin piedad hasta afectar todas las áreas de tu vida.

3. Retomar todo lo que te sirve. Todos tenemos buenos recuerdos del pasado; experiencias provechosas, momentos de mucha felicidad, de mucha pasión, de mucha alegría, de mucha paz. Para reencontrarnos, necesitamos retomar esos momentos y conectarnos con esas emociones. Cuando surja algún contratiempo en nuestro día a día, estas memorias positivas se convierten en nuestro presente, ayudándonos a estar mejor.

Te invito a recuperar esos momentos de tu vida en los que experimentaste plenitud, felicidad y paz; tráelos a tu presente para que te ayuden a salir adelante, mejorando y logrando lo que realmente deseas.

2. Evalúa tu Presente.

Todos necesitamos darle forma a nuestra vida; si no lo hacemos, los demás lo harán por nosotros. Tú eres quien crea y gobierna tu vida, y para ello debes darle la forma que deseas; por esta razón, es importante plantearte algunos cuestionamientos:

¿Qué te gustaría mejorar? ¿Quieres emprender algo nuevo, o prefieres reforzar lo que ya tienes? ¿Cuáles son las habilidades que tengo y cuáles necesito para lograr una cosa u otra?

Comienza haciendo una lista de tus habilidades: si son ventas, aprender cómo vender y establecer un plan de negocios; si es manejar los tiempos, especialízate en estructuras organizativas y naturalmente, de manera orgánica, iras poniendo en orden de prioridades todo lo que necesitas.

Comienza a practicar estas habilidades como un hábito de repetición, para que puedas desarrollarlas a través del continuo fortalecimiento de tus virtudes.

Debemos contrarrestar los prejuicios que muchas veces tenemos en contra de nosotros mismos; recuerda que todas tus habilidades se desarrollan en base a la práctica, así que olvídate de decir: "Es que esto no es para mí..."

Por supuesto que también existen muchas cosas en las que podemos ser muy buenos, pero que no nos gustan o dejan de gustarnos; ante esto, yo tengo *una regla que contempla dos opciones*:

1. Hago lo que amo. Es mi principio fundamental, con el que procuro guiarme; si tengo la posibilidad de escoger, solo me quedo con las cosas que me gusta hacer.

2. Amo lo que hago. Es mi manera de ponerle buena cara al mal tiempo, porque, siendo realistas, no siempre es posible hacer únicamente las cosas que nos agradan; siempre va a haber algo que, aunque no nos parezca lo mejor ni sea lo que deseamos, debemos asumirlo por diversas circunstancias.

En estos casos, lo que hago es intentar ver el lado positivo del asunto; hacerlo de la mejor manera y con mi mejor actitud. ¡Por nada del mundo me permito hacer las cosas mal! La experiencia en este tipo de situaciones me ha enseñado que, mientras más lo practico, más le voy encontrando el gusto.

Cuando decidimos hacer trasformaciones radicales en nuestra vida, pues probablemente vamos a tener que desarrollar habilidades que quizás no nos gustan o no sean nuestras favoritas, pero que, a la larga, nos van a traer logros y beneficios.

Siempre podemos decidir si hacer las cosas bien, o hacerlas a la fuerza; yo siempre opto por hacerlas de buena manera, amando lo que hago.

3. PROYECTA Y CREA TU FUTURO IDEAL.

El pasado forjó lo que somos, y el presente determinará lo que seremos en el futuro; debemos vivir el *"hoy"* conectados con esta consciencia, para que el mañana nos siga sorprendiendo.

En el presente evaluamos las situaciones que consideramos prioritarias en nuestras vidas; empiezas a visualizar lo que te gustaría, a construir tu futuro ideal; decides el camino que debes emprender y trabajas para que así sea. Para ello, es fundamental que estés consciente y evalúes las cosas que no te gustan de ti, las situaciones que se presentan en torno a ti, la forma como has tomado las circunstancias a lo largo de tu vida, qué cosas te perjudican, cuáles son los comportamientos que afectan tu entorno y tu relación con los demás.

¿ES POSIBLE REEMPLAZAR LO QUE TENEMOS?

Supongamos que estás pasando por una situación económica muy compleja y careces de recursos; esto significa que el dinero no es parte de las cosas que amas.

La relación que tienes con el dinero, al igual que con todo lo que te rodea, es similar a la relación que tienes contigo mismo; si tu relación contigo implica rechazo, si no te amas, no te valoras ni te respetas, lo más seguro es que el dinero no llegue a ti, o que siempre estés envuelto en problemas financieros.

Por el contrario, cuando realmente trabajas en ti, cuando te amas, te valoras, valoras tu tiempo y tu trabajo, te respetas y cultivas todo lo que te ayude a alimentar tu autoestima, el dinero empezará a fluir en tu vida.

Recuerda que todo empieza desde nosotros; pudiéramos pensar que el dinero no tiene ninguna relación con que tú te ames, o con lo que tú creas de tí, pero la gran verdad es que sí la tiene, porque el flujo del dinero en tu vida es el reflejo del flujo de tu energía. Trabaja en tu amor propio, y verás cómo tu relación con el dinero va a cambiar automáticamente.

Si estas en una situación de pobreza económica

y lo que quieres es abundancia, es el momento de que te preguntes: *¿Qué requiero hacer para que mi relación con el dinero sea mejor?*

Es aquí donde empiezas a darle forma a tu vida y a conectarte con las habilidades que requieres; quizás no te guste el lugar donde vives actualmente y deseas vivir en otro donde te sientas más a gusto, uno donde puedas fluir mejor con tu energía.

Empieza a evaluar todo lo que requieres para mejorar, de forma que logres tomar conciencia de tu realidad y definir tu presente.

Si no podemos definir lo que deseamos, jamás lo vamos a entender, y si no estamos conscientes de qué es lo que queremos lograr, no podremos tomar las acciones adecuadas sobre nuestra vida; por esta razón, siempre recomiendo que cultivemos el hábito de la escritura, ya que es una forma excelente de comenzar a darle forma a esas ideas que revolotean en nuestra mente.

Es necesario que te atrevas a decidir sobre tu vida, pues de lo contrario, alguien más va a decidir por ti; es por ello que resulta imperativo evaluar constantemente nuestro presente, para lo cual debes hacerte las preguntas adecuadas:

¿Qué quiero realmente de la vida?, ¿Cuál es la vida que quiero?, ¿Qué herramientas necesito para lograr mis metas a corto, mediano y largo plazo?

Todo ser humano tiene la capacidad de lograr lo que sea, ¡incluyéndote a tí! Sin embargo, no todos desarrollamos las habilidades que queremos, o las que necesitamos; es ahí donde debemos trabajar, poniendo énfasis en poner en práctica una y otra vez esos conocimientos, para habituarnos a ellos y lograr adentrarnos en el mundo que queremos construir.

Todas las habilidades son prácticas que repetimos; sin embargo, debemos considerar que hay rutinas positivas y rutinas negativas. Una práctica positiva es aquella en la que hago las cosas, las evalúo y las mejoro cada día. Si la práctica no funciona, no es conveniente seguir haciendo lo mismo esperando resultados diferentes; no podemos seguir repitiendo acciones improductivas pensando que las cosas mejorarán por arte de magia; de hecho, lo importante de evaluar los procesos es verificar que los resultados sean tangibles, palpables, y sobre todo, favorables.

¡Hacer lo mismo esperando resultados diferentes es un gran error!

La idea de esta práctica es desarrollar una habilidad que nos convierta en expertos en algo; que nos ayude a mejorar de forma tal que el resultado sea realmente diferente. La clave está en la constancia: *"mañana lo hago mejor que hoy, y así todos los días..."*

¡Hazte el hábito de una práctica con autoevaluación!

Para ver el método con mayor claridad, podemos establecer la secuencia de pasos de la siguiente manera:

1. Estar conciente de tu presente, saber lo que quieres y ver tus opciones.

2. Evaluarlo.

3. Tomar decisiones.

Cando llegas a este punto, ya no hay más opciones: simplemente, es el momento en el que decides trabajar para que las cosas cambien de verdad, en base a una serie de preguntas clave: *¿Qué es lo que quiero realmente?, ¿Cómo me veo en un par de meses, en un año, en dos años...? ¿Qué cambios deseo generar en lo personal, en lo familiar, en los negocios, en todas las áreas de mi vida en las que voy a tomar decisiones para aproximarme a mis metas?*

Es aquí donde pones tus opciones sobre la mesa, las evalúas y tomas decisiones en base a ellas, comprometiéndote con tu futuro ideal y con todo el proceso de llevarlo a cabo.

Siempre existirá la probabilidad de arrepentirnos de no haber tomado la mejor decisión; por esto es importante evaluar detalladamente todas las opciones, para que las decisiones sean asertivas y podamos estar seguros de estar siendo fieles a nosotros mismos.

Para lograr la vida que deseas, debes tener solo una opción, una única meta clara y definida. No hay plan B, ni plan C; el compromiso es tener una sola opción, completa, sin medias tintas.

Estos son los tres pasos para mejorar nuestra autoestima; creamos nuestra vida en el presente, así que necesitamos sanar el pasado para darle forma a nuestras vidas, saber dónde estamos parados, qué es lo que realmente queremos, darnos cuenta de qué no nos gusta, porque los seres humanos tenemos la extraña capacidad de acostumbrarnos a cosas que nos hacen daño.

El antídoto contra este comportamiento es desarrollar una sana autoestima, pues de esa manera, no soportaremos algo que no nos agrade, sino que inmediatamente lo cambiaremos.

Tener autoestima nos ayuda a cuidarnos, a valorarnos, a amarnos; ya es tiempo de no seguir aguantando situaciones que no te agradan y que te hacen daño; eso no es sano ni es lo que mereces. Todo puede cambiar para mejor; cuando cambiamos, todo a nuestro alrededor cambia automáticamente. Eso es una realidad.

Patricia Anaya

3. La Importancia de Perdonar

Perdonar es liberar a un prisionero,
y descubrir que el prisionero eras tú.

Lewis B. Smedes

PERDONAR ES REESCRIBIR TU HISTORIA.

El perdón es un regalo para nosotros mismos; todos necesitamos perdonar, sentirnos perdonados y vivir intensamente todos los procesos que acompañan el perdón, para así poder soltar y dejar ir todo aquello que no nos sirve.

¿Para qué vamos a seguir cargando con todas esas cosas que nos hacen daño? El pasado no está en el pasado si no se ha sanado; al contrario, seguirá regresando como un recordatorio de tus miedos, robándote tu poder, haciéndote sentir víctima y alejándote de la posibilidad de crear esa vida que deseas.

No sanar genera muchas limitaciones, mientras que perdonar nos ayudará a darle forma a lo que queremos. Cuando de perdonar se trata, algunas personas requieren vivir procesos más profundos que otras, sobre todo si no han comprendido que el perdón no es para los demás, sino para sí mismas.

Te estarás preguntando, *¿Dónde quedan entonces las acciones dañinas de los demás?* Muchas veces crecemos con resentimiento hacia otros, y estamos convencidos de que fueron protagonistas de los peores tratos que pudimos haber recibido; en tales momentos, es normal cuestionarnos: *¿Cómo puedo perdonar algo así?*

El perdón es un proceso interno que ocurre dentro de ti, sin necesidad de que haya más personas involucradas; puede pasar que quien te lastimó ya haya abandonado este plano terrenal, y aun así, tu puedes perdonarle.

No importa si esa persona merezca o no ser perdonada; lo que quiero que comprendas es que el perdón te concede el poder de reescribir y darle un nuevo sentido a tu historia.

Quizás en este momento estés pensando en que esa persona no merece tu perdón, pero yo te pregunto... ¿Acaso tú sí mereces cargar con ese rencor durante toda tu vida? Porque, por mucho que lo quieras negar, te está afectando; sigue ahí, haciéndote la vida amarga, quitándote la posibilidad de amarte, haciéndote sentir como la víctima...

No... no mereces cargarte de odio, de culpa, de deseos de venganza hacia otras personas... Eso es algo que tú no mereces, porque te está robando la tranquilidad y la paz en tu vida, impidiéndote manifestar el Ser maravilloso que tienes dentro, y que se asfixia en medio de todos tus resentimientos.

Para poder perdonar, necesitamos comprender que cada uno de nosotros tiene su propia responsabilidad sobre sus acciones; las personas que nos lastimaron seguirán cargando también con su propia responsabilidad, y tú no las vas a liberar de eso, pero sí vas a liberarte a ti de toda la carga negativa que genera el hecho de no perdonar. A esto me refiero cuando digo que perdonar es reescribir y darle un nuevo sentido a la historia de nuestra vida.

Los seres humanos solamente actuamos por dos razones:

1. Por hábito. Esto significa que nuestra mente ha sido programada para actuar de un determinado modo; lo queramos o no, somos *automáticos*. Nuestra vida está regida por nuestra mente subconsciente; es allí donde están almacenados todos los programas que hemos aprendido durante nuestro desarrollo. Nuestro comportamiento se vuelve implícito en nuestras cotidianidades: simplemente, "actuamos". Es lo que ocurre, por ejemplo, con las personas chismosas; lo que existe en su mente es un programa que la hace estar involucrada en ese tipo de situaciones, sin importar si eres tú, si es el vecino, si es la comadre... Solamente les importa crear historias, crear chismes. Esas personas actúan por programación; lo más probable es que estén imitando a alguien con quien han convivido; quizás estuvieron rodeadas de personas chismosas durante su niñez, y de esa forma, estos aprendizajes se programaron inconscientemente en su mente, pues los seres humanos actuamos por programación y terminamos repitiendo patrones adquiridos. Otro ejemplo palpable de esta realidad lo podemos apreciar en el trato de algunas personas hacia sus hijos, en el que repiten la manera en que fueron criados por sus padres. Son programaciones que traemos, y que nos hacen actuar en base a la repetición de patrones. Todas las personas actúan de esa manera.

2. Por emoción. La palabra "emoción" significa "movimiento", y de eso se trata precisamente: una energía que nos hace actuar. Las personas matan por emoción, golpean a sus hijos por emoción, nos agredimos unos a otros por emoción... Todas las emociones son energía que traemos dentro y que se manifiesta mediante reacciones inconscientes e irracionales, si logramos identificarlas, podremos dirigirlas de manera que no nos hagan daño ni lastimen a los demás.

Durante toda nuestra vida nos han enseñado que las emociones hay que controlarlas, pero no nos han dicho que podemos aprender a manejarlas. Manejar las emociones implica en primer lugar saber detectar lo que estoy sintiendo: ¿siento enojo...? ¿tristeza...? ¿miedo...? ¿euforia...?

Es necesario identificar la emoción, para poder contrarrestar a tiempo de sus efectos, y de ese modo impedir ser arrastrados por ellas; si puedo percibir que algo no me hace sentir bien, que me estoy enojando, que me está afectando, que me arrastra, puedo hacer algo al respecto antes de que sea demasiado tarde.

Es manejo de nuestras emociones es un proceso, un aprendizaje que necesitamos hacer todos los seres humanos, pero que no sabemos cómo. Lo más que hemos logrado en materia de inteligencia emocional es a controlar lo que sentimos, pero eso en muchos casos significa reprimir nuestras emociones, y esto nos enferma.

Quien no expresa lo que realmente siente, se va cargando emocionalmente hasta que llega al punto en el que explota... Matas cuando explotas; haces daño cuando explotas; cometes atrocidades que no querías cometer... ¡Eso es lo que hace una emoción!

Así de complicadas y poderosas son las emociones, y es por ello que urge aprender a manejarlas, ¡no a controlarlas! Manejar nuestras emociones significa aprender a dirigir constructivamente nuestra energía.

Hay dos formas que recomiendo para el manejo de nuestras emociones:

1. *Respirar conscientemente.* La respiración consciente consiste en prestar atención al proceso de inhalar y exhalar; puedes inhalar por la boca y exhalar por la nariz, pero también puedes invertir el orden, inhalando por la boca y exhalando por la nariz. También puedes hacerlo inhalando y exhalando por la boca, imitando el jadeo de un perro; esta modalidad no resulta muy estética, pero funciona de maravilla para drenar esa energía avasallante que acompaña a las emociones. No es necesario hacer esto en público; puedes hacerlo en tu habitación, en el baño, donde sea que tengas privacidad; lo importante es que no te cohíbas de hacerlo.

La respiración consciente nos ayuda a balancear esa energía implícita en la emoción, y de esa manera, nos sentiremos mejor.

2. _Mover el cuerpo_. Brincar, bailar, correr, practicar cualquier deporte, ayudan no solamente al cuerpo físico, sino también al cuerpo emocional y al cuerpo energético. Tener una rutina diaria de trabajo corporal contribuye a balancear nuestra energía, y esto estabiliza también nuestras emociones; no necesariamente tienes que asistir a un gimnasio; puedes simplemente caminar media hora, nadar, correr, bailar, practicar zumba... ¡Cualquier cosa que implique mover tu cuerpo!

Cuando no te sientas bien o sientas algún malestar, puedes empezar a mover el cuerpo por algunos minutos, y verás cómo después de hacerlo te sientes mejor.

Habiendo comprendido que las personas actúan por programación o por emoción, y que estas dos maneras son inconscientes e irracionales, estamos en la capacidad de darnos cuenta de que las personas que nos hicieron daño alguna vez, no lo quisieron hacer.

Quizás en este punto tu vocecita interior te está diciendo: _¿Cómo es posible que digas que no lo quisieron hacer?_ Solo te puedo decir que es muy probable que todo lo que te hicieron en su momento, y que aún todavía lo siguen haciendo, es porque somos automáticos. Si realmente quieres perdonar, necesitas comprender este aspecto del perdón, pues de lo contrario, te será muy difícil lograrlo.

Los seres humanos actuamos inconscientemente; si alguien te hizo daño, no lo hizo porque quiso, sino porque siguió un programa o reaccionó a una emoción, repitiendo patrones de conducta.

Si tus padres te hicieron daño, no fue porque quisieron; fue porque traían esa programación, y eso fue lo mejor que pudieron hacer con lo que ya traían. Recuerda que nunca nos han enseñado a manejar nuestras emociones, que son el principal generador de energía del ser humano.

Todos los seres humanos tenemos la misma capacidad para crear que para destruir; hacer una u otra es tu decisión. Esto explica el por qué una persona que parece muy mala puede ser muy buena de un momento a otro. No hay personas buenas ni personas malas; simplemente, repetimos patrones y programaciones, y esta la razón por la cual estamos viviendo las situaciones que nos aquejan actualmente.

Hemos creado un mundo totalmente violento; desafortunadamente, las personas no están conscientes, no estamos pensando, sino que actuamos por repetición. No nos damos cuenta de que nos están programando a todas horas.

Las personas matan sin siquiera darse cuenta; con esto no le estoy quitando responsabilidad a nadie; lo que quiero decir es que de nada sirve andar cargando con resentimientos, con odios, con programas, con emociones que te hacen daño, porque en realidad estás dejando de vivir tu vida para quedarte viviendo en base a lo que vienes cargando.

¿Quieres sanar? ¿Quieres perdonar? Entonces, debes hacerlo sin importar si la persona se lo merece o no; si actuó a propósito o no.

Si realmente quieres sanar, necesitas comprender que las personas somos automáticas; quienes nos hacen o nos hicieron daño no actuaron porque quisieran hacerlo, sino porque repiten patrones o porque reaccionan a una emoción.

De corazón, te invito a que te des el permiso de comprender esta verdad. Muchas veces he dicho que el perdón es el completo olvido, porque gracias a él reescribimos la historia... *Nuestra* historia.

SANAR A TRAVÉS DEL PERDÓN.

Perdonar es un proceso consciente: no se puede perdonar si no decides perdonar, pues el perdón **no es** un proceso automático

La mayoría de las personas tienen un concepto

errado del perdón; creen que la muerte es un acto de redención, que las personas son perdonadas cuando mueren, bien sea que se trate de nuestros padres, hermanos o amigos...

Estar dispuestos a perdonar no significa que se hará de forma automática; en el fondo, seguimos cargando con todas esas emociones y sentimientos; solo les colocamos un parche para seguir pateando la culpa, los resentimientos y un mar de sinsabores que siguen latentes en nuestro interior.

El perdón requiere de una toma de decisión personal; aunque la persona que te hizo daño ya no se encuentre en el plano terrenal, o incluso aunque tu vuelvas a nacer y tengas otra vida, sanar esos eventos específicos que aún retumban dentro de nosotros siempre será un proceso consciente.

El hecho de perdonar no le quita la responsabilidad a nadie, y mucho menos lo libera de culpa; la única persona que se libera cuando perdona eres tú, pero además tienes la opción de involucrar a la otra persona sin que esté presente, de manera que ambos se liberan.

*El perdón es
un regalo para ti.*

Siempre será ideal que ambas partes lleguen a un acuerdo, pero no es estrictamente necesario que la otra persona esté presente para que puedas desarrollar el proceso de perdón.

Dependiendo de las técnicas que utilicemos, posiblemente sea necesario llevar a cabo varias sesiones; puede realizarse a través de la meditación, de la escritura, con un guía, mediante hipnosis, entre muchas otras herramientas.

Lo que sucede durante el proceso de perdón es que los recuerdos traumáticos empiezan a desdibujarse, y sin darte cuenta, de un momento a otro ya no te afectan. Sabremos cuando hayamos perdonado en el momento en que recordemos nuestras experiencias dolorosas como fueron *reescritas*, es decir, cuando ya no nos perturben, y en su lugar, sintamos calma y paz en nuestro corazón.

Posiblemente no te des cuenta sino hasta que te encuentres con esa persona y puedas incluso saludarla. No se trata de que vuelvan a ser amigos, ni de que vuelvan a estar juntos; se trata de que cuando te encuentres, veas o recuerdes a esa persona, no sientas odio ni rencor. Pueden incluso estar en el mismo sitio, y no sentirás que te robaran la paz.

Ejercicio para sanar tu vida

Una de las técnicas que aplico en mis cursos se conoce como Tapping Meridiano; es un método que funciona como una guía para conseguir perdonar, también puedes hacerlo a través de la hipnosis con un especialista que trabaja en cambiar los programas de tu mente y muchas otras técnicas.

El ejercicio que te presentaré a continuación te ayudará a perdonar y reprogramar todo lo que quieras y necesites a través de procesos simples, con herramientas para que tú mismo puedes emplear.

Me enfocaré en darte herramientas para que tú mismo las hagas en casa; no necesitas venir a donde yo me encuentro ni acudir a ningún lugar en específico para llevarlo a cabo. ¡Te puedo garantizar que es muchísimo mejor que un psicólogo o una sesión de coaching!

La única indicación es que deber realizarlo con *responsabilidad*, ya que puede resultar un ejercicio muy emocional y existe la posibilidad que se te escape de las manos, así que te pido que tomes las precauciones necesarias.

Si estás en busca de sanar alguna etapa o evento muy intenso, puede que esos recuerdos hagan aflorar lo peor de ti, potenciando el daño causado.

Lo primero que se requiere para que este método funcione es que seas honesto contigo mismo; nadie te conoce tanto como tú mismo. Así como esto puede ser muy sencillo para ti, puede resultar también muy complejo Si consideras que puedes hacerlo solo y que puedes estar consciente, hazlo; mi consejo es que tengas a alguien de tu total confianza cerca de ti para el momento en que vayas a realizar este ejercicio, no en la misma habitación donde tú te encuentres, pero sí en un espacio cercano, ya sea una sala o una habitación, y que tenga conocimientos que estás haciendo este ejercicio.

Es necesario que te evalúes y determines si necesitas o no asistencia en caso de estar conciente de que no puedes manejar tus emociones.

Este ejercicio comprende dos etapas, y vas a requerir aproximadamente una hora para llevarlas a cabo. Durante ese tiempo no debes tener interrupciones de ningún tipo.

Vas a necesitar dos tipos de cuaderno: uno de espirales al que le puedas desprender fácilmente las hojas, y otro de hojas cosidas.

Primera parte. Esta primera parte del ejercicio debe realizarse a solas; este es un tiempo para ti. Escribir es lo más importante para sanar nuestra vida, pues nos permite conocernos.

- Selecciona un evento en específico; uno que estés cargando y que te haya afectado de forma particular, pero no debes pensarlo de forma general, como un todo, sino a partir de una selección detallada de los hechos.

- Recuerda que, mientras tengas más claro y preciso tengas en tu mente el evento en el que quieres trabajar, mejor será para ti, pues de esa forma tu mente no empezará a divagar o a generar información mezclada.

- Empieza por escribir en el cuaderno de espiral; describe detalladamente cómo fue dicho evento con lujo de detalles, tal cual lo viviste.

- Trabaja en esta fase el ejercicio por un lapso de 30 minutos como máximo. No excedas este tiempo; si lo deseas, puedes programar una alarma en tu reloj o en tu teléfono celular. Si a los 10 minutos sientes que ya no puedes continuar porque te está doliendo mucho, detente. No te presiones,

- Solo escribe, todo lo que quieras escribir o como lo quieras escribir; no importa si no tiene coherencia o si está lleno de errores gramaticales. Se trata de vaciar, de limpiar, de sacar todo lo que tú consideres que andas cargando, todo lo que tú sientes. Vive ese momento; es posible que te conectes con el dolor, pero sigue escribiendo.

- No importa si empiezas por el final, o si lo que

escribes no tiene ni pies ni cabeza; solo sigue escribiendo. Simplemente estas depositando en el papel todo lo que sientes, todo lo que viviste.

- En esa media hora puedes quejarte, puedes culpar, incluso maldecir, blasfemar, echarle la culpa a los demás, reclamar... Si tú crees que otra persona es culpable de todo lo que has pasado en tu vida, escríbelo; plasma todo lo que quieres decirle; todo lo que te hace daño, todo lo que no querías decirle a nadie, o que tú mismo no querías escuchar.

- Una vez pasados los 30 minutos, arranca las páginas del cuaderno y, si es posible, préndeles fuego, pero por favor, recuerda tener precaución. Si no tienes la manera de quemarlo, rómpelo en pedazos muy pequeños y tíralo a la basura, en la plaza, en el parque, o en algún lugar lejos de tu casa.

- Cuando lo estés quemando o rompiendo, vas a hacer la siguiente afirmación:

"Yo me doy permiso de liberarme

de todas estas cosas; yo me doy permiso

de dejar ir todo lo que me ha hecho daño;

yo me doy permiso de transformar toda esta energía

en amor, en paz... Yo elijo dejar ir todo esto;

todo lo que me ha hecho daño..."

- Realiza 2 o 3 afirmaciones basadas en frases de liberación; debes darte el permiso de liberar, de transformarte en energía y amor, en paz, mientras rompes o quemas el manuscrito.

Segunda parte. En esta segunda parte voy a pedirte que regreses al mismo lugar en el que estuviste escribiendo durante la primera parte, pero esta vez, vas a utilizar el otro cuaderno.

- Comienza ahora a escribir sobre el mismo evento, solo que esta vez lo vas a narrar en presente, como si estuviera sucediendo en este momento, y lo más importante, lo vas a describir como a ti te hubiera gustado que fuera. Por ejemplo, si el hecho seleccionado tiene que ver con tu relación con tu papá, puedes escribir: "Soy una niña de 6 años y mi papá es el mejor del mundo; salimos a caminar, estamos en el parque, paseamos todos los días, me lleva de la mano y me dice que me ama, me abraza, estoy contenta. Soy una niña muy feliz".

- Quizás parezca una fantasía, pero aquí es donde está la clave: el pasado cambia porque el tiempo no existe, y esto es algo que la mayoría de la gente no quiere creer.

El pasado no existe; lo que tú estás haciendo en este momento es cambiar la situación, sin importar si la persona ya murió o no; lo más importante no es que cambie el pasado, sino que cambie el presente, porque de esa manera tú puedes salir adelante: reescribiendo tu historia, reescribiendo tu pasado.

- Tal y como lo hiciste mientras realizabas la primera parte del ejercicio, durante un lapso máximo de 30 minutos vas a escribir todo lo que tú hubieses querido que fuera; recuerda hacerlo en tiempo presente: "Yo soy una niña y tengo una relación maravillosa con mi papá, con mi mamá, con este, con el otro; yo soy una niña muy feliz, yo soy importante, yo me amo, las personas me respetan..." Todo lo que tú quieras escribir que sea bueno para ti. Ahora lo plasmas en un cuaderno de hojas cosidas, para que puedas leerlo todos los días.

Puedes sentir que realizar este ejercicio una sola vez no sea suficiente; lo recomendable es que dejes pasar por lo menos tres semanas o un mes para repetirlo, y con esa frecuencia puedes permanecer realizándolo durante toda tu vida si lo deseas. No lo repitas muy seguido, porque puede hacerte daño.

Todos traemos muchas cosas que necesitamos soltar; puedes realizarlo varias veces para sanar una misma situación y después empezar con otra, pues siempre traemos muchas cosas que sanar y perdonar; no solo una.

Debemos tener paciencia; ir por partes. Hay que empezar por una cosa y sanarla, antes de abordar otras; si se trata de un evento muy fuerte, quizás requieras hacer el ejercicio tres o cuatro veces, pero con el lapso indicado entre las distintas ocasiones en que lo realices.

Por favor, recuerda seguir las reglas:

- Solo media hora para escribir lo que no te sirve, y media hora más para lo que sí quieres. Cada una de las etapas puede durar menos, pero no más de lo indicado.

- Se trata de sanar; no se trata de hacerte la víctima ni de hacerte daño; se trata de arreglar todo eso que te anda desbalanceando tu vida.

- Recuerda que el pasado no está en el pasado; el pasado está en el presente. ¡Se vuelve presente cada vez que lo recuerdas!

- Con este ejercicio estamos reescribiendo nuestro pasado, para que en el presente todo fluya y puedas continuar con tu vida, dejando aflorar a ese Ser Amoroso que habita dentro de ti.

4. El Vocabulario del Amor.

Todo cambio de vida

empieza con mis palabras.

Patricia Anaya

TU VIDA ES EL REFLEJO DE TUS PALABRAS.

Los seres humanos somos seres energéticos, y el Universo entiende nuestra energía. Nuestra vida depende de ese potencial que proyectamos día a día a través de nuestras palabras, de nuestros pensamientos, de nuestras emociones y de nuestras acciones. Estas son las cuatro formas que el ser humano tiene para poner energía en el Universo y crear su vida.

Las palabras son la base de nuestra vida; todo comienza con tus palabras, con la forma en que te expresas ante tu vida y ante las circunstancias.

El lenguaje nos permite articular nuestros pensamientos, acompaña todos nuestros movimientos, son los sonidos que nos representan, son las palabras que nos enaltecen y las que nos condenan. La palabra es nuestro compromiso; es el hecho en su máxima expresión.

Desafortunadamente, hemos llegado a un momento de degradación social y cultural en el que pareciera que las palabras no tienen importancia; se ha puesto de moda hablar con "palabrotas"; el uso de palabras ofensivas es cada vez más común entre las nuevas generaciones, cambiando el significado y el concepto de muchas cosas hacia un sentido que no nos está ayudando.

Si queremos mejorar nuestra autoestima, nuestras palabras deben validarla; ellas deben estar enfocadas en el amor, en el respeto, en manifestar lo que tú quieres creer. Deben estar enfocadas en la paz, en el gozo, en la alegría, y no en acciones contrarias a todo lo que nos convierte en seres humanos de bien.

Si haces el ejercicio de evaluar tus palabras, puedes darte cuenta de por qué tienes la vida que tienes, porque tus propias palabras te lo dicen. Cuando escuchamos hablar a una persona, automáticamente nos damos cuenta de la vida que tiene, porque sus palabras nos lo dicen; ellas son la voz de nuestros pensamientos, la voz de nuestras emociones, la voz de nuestras creencias.

*Debemos darle importancia
a todo lo que decimos,
y a cómo lo decimos.*

No solamente cuando nos dirigimos a los demás, sino también cuando nos dirigimos a nosotros mismos, es fundamental que nuestras palabras vayan de acuerdo a la vida que queremos tener; por ejemplo, no puedes querer tener dinero mientras te quejas a todas horas de no tenerlo, de que el dinero representa un problema, de que no llega, de que estas lleno de deudas, entre muchas otras cosas.

Si queremos tener dinero, debemos enfocarnos en la abundancia, y lo mismo pasa con el amor y con todo lo que podamos querer, incluso en relación con nosotros mismos.

Muchas veces nos menospreciamos: *"Soy una tonta"*, *"Yo siempre he sido así"*, *"No puedo hacer las cosas"*, *"Me duele aquí y el doctor me dijo que tenía esto, pero yo estoy segura que voy a tener aquello..."*

Nos las pasamos todo el día decretando, dando instrucciones a nuestra vida, a nuestras células, a nuestra mente y al Universo. Te invito a que evalúes tus palabras si quieres trabajar en tu autoestima, porque las palabras son el inicio y el reflejo de tu vida.

Te invito a preguntarte: ¿Qué palabras te dices a ti mismo? ¿Cuáles son tus frases favoritas cuando te ves al espejo?

Hace poco me topé en las redes sociales con una publicación que plateaba una interesante pregunta:

¿Si pudieras pararte frente al espejo y decirte todo lo maravilloso que eres, qué te dirías?

Esta publicación tenía aproximadamente unos 500 comentarios; las respuestas eran fabulosas: "Soy la persona más maravillosa del mundo", "Te amo como eres", "Yo puedo hacer lo que quiero", "Hoy te ves genial", "Tenía mucho tiempo sin ver esa mirada tan hermosa", "Estas patitas de gallo me sientan muy bien..."

La mente trabaja de diferentes maneras: si la publicación hubiera dicho: ¿Qué palabras *te dices* cuando te paras frente al espejo todos los días?, estoy segura que los comentarios y las respuestas no hubiesen sido los que leí; pero la pregunta estaba plateaba de otra manera: *Si pudieras... ¿qué te dirías?*

Yo me diría que soy la persona más bonita del mundo, que soy todo lo que yo puedo, que estoy muy bien, que soy la persona más amada, que me lo merezco todo.

Y tú... ¿Por qué no te paras frente al espejo y te dices frases bonitas?

¿Por qué no decirnos: *"Yo soy maravillosa"*, *"Yo soy amor"*, *"Yo soy la mejor persona del mundo"*, *"Yo me lo merezco todo"*, *"!Mira qué bonita estás...!"*

Incluso, si de repente vemos alguna imperfección, ¿por qué no echarle una miradita y decir: *"Estamos trabajando para poder mejorar la situación"*?

Ese tipo de diálogos contigo mismo son maravillosos; te invito a crear este nuevo hábito de pararte frente al espejo todos los días y decirte todo lo maravilloso que eres.

Es necesario que lo hagas en tiempo presente, en primera persona (*YO*) y con afirmaciones positivas; esto creará las bases para reprogramar tu mente.

Yo soy, yo tengo, yo hago, yo siento, yo me doy permiso a todas estas afirmaciones...

Puedes usar también afirmaciones de gratitud: *"Gracias cuerpo, porque luces hermoso"*, *"Gracias Universo, por este día maravilloso"* ... Son diálogos contigo mismo, viéndote a los ojos; tus palabras son instrucciones, son órdenes para ti, para tu cuerpo, para tus células, para tu mente, para el Universo.

Todos los días establecemos un dialogo interno con nosotros mismos; esa otra parte de nosotros que está ahí omnipresente: nuestra esencia como seres humanos. Por eso, es de suma importancia tratarnos como nos los merecemos, y siempre nos vamos a merecer lo mejor.

Empieza a evaluar las palabras que te dices día a día; saca de tu programación todo aquello que no te sirve; frases como: *"Esto no sirve para nada"*, *"Yo no puedo hacer las cosas"*, *"Me merezco esto porque soy una tonta"*, entre otras.

Es importante cambiar el uso que hacemos de las palabras.

EJERCICIO PARA EL LENGUAJE ASERTIVO

- Escribe todo lo que te dices a ti mismo, tanto lo bueno como lo que no te sirve.

- Después de que lo hayas escrito, evalúa cuales son las expresiones que van más acordes con la vida que tú quieres tener, y cuáles van en contra de tu autoestima y de tu amor propio, y sepáralas en dos columnas diferentes.

- Ahora, comienza a reemplazar las frases negativas por las positivas: en lugar de decir: *"Yo soy una tonta"*, di: *"Yo aprendo cada día más"*, *"Yo me doy permiso de aprender todos los días"*. Empieza cambiando las frases que usas con más frecuencia para menospreciarte a ti mismo; solo tú sabes cuales son.

- Apóyate en afirmaciones como: *"Yo soy vibrante, fuerte y vital"*, *"Yo soy el creador de mi vida"*, *"Yo soy hermosa por dentro y por fuera"*, *"Yo soy abundancia"*, *"Yo me amo y me acepto completamente"*.

- También puedes hacer uso de preguntas afirmativas; por ejemplo: *"¿Por qué me amo tanto?"*, *"¿Por qué yo soy una mujer maravillosa?"*, *"¿Por qué me respeto tanto?"*, *"¿Por qué yo creo en mi misma?"*. Cuando empiezas a hacerte todas estas interrogantes, la mente misma te manda las respuestas que estás buscando. En cambio, si te haces preguntas como: *"¿Por qué siempre me pasa esto a mí?"*, *"¿Por qué nunca tengo dinero?"*, estarás reforzando ideas y emociones contraproducentes que van a influir negativamente en tu realidad.

- En lugar de cuestionarte todo el tiempo, razona y afirma: *"Yo tengo dinero por esto y por esto", "Yo siempre tengo dinero", "Yo siempre me siento bien, aunque la gente diga lo que le dé la gana", "Yo me amo a mí mismo", "Yo me valoro a mí mismo"*, y frases por el estilo.

La idea principal es que estés conciente de por qué nos amamos a nosotros mismos, nos aceptamos a nosotros mismos. Ten en cuenta que todas estas interrogantes deben convertirse en parte esencial de nuestra vida; este no es un programa que se hace en 21 días, en dos semanas, por tres meses, etcétera...

Esto es algo que debes hacer todos los días, pero enfocándote en el presente: solo por **HOY**. Esto es a lo que yo le llamo crear hábitos de vida.

Te invito a que lo conviertas en un hábito de vida; que cada día -solo por hoy-, tus palabras apoyen tu vida, impulsen lo que tú quieres, incrementen tu autoestima y tu valor propio, y la única forma de que lo hagan es que conviertas todo esto en una práctica diaria.

Cuando creas hábitos de vida, las cosas empiezan a mejorar de forma automática.

Para vivir bien es necesario que hagamos las cosas bien, y eso quiere decir que no debemos faltarnos a nosotros mismos. Debemos actuar con convicción, sin flojera, con constancia y sin dejar las cosas a medias.

La única manera de cambiar y de que estos hábitos se hagan de forma automática es que estemos conscientes; por supuesto, siempre van a existir diferentes opciones para mejorar, para cambiar, para poder avanzar, pero si en principio no transformamos nuestros hábitos, no vamos a llegar muy lejos en este camino.

Para mejorar tu autoestima requieres tener amor propio, creer en ti, respetarte, valorarte, cuidarte, y para ello no hay nada más idóneo que usar el vocabulario adecuado: el vocabulario del amor.

No vale hacerlo solamente en este momento o cuando estés practicando estas recomendaciones; la idea es que lo conviertas en parte de tu vida diaria.

Utiliza solamente palabras de amor que apoyen tu autoestima, y realiza el ejercicio de repetirlas todos los días; cultiva ese dialogo interno en el que te dices aspectos positivos de ti mismo; escribe todo lo que consideres que necesitas decir, y si hay cosas que no te beneficien o que van en contra de lo que tú quieres, en contra de tu amor o en contra de tu autoestima, ¡cámbialas!

El vocabulario del amor restaura tu autoestima...

Empieza a ponerlo en práctica; pon recordatorios en diferentes partes de tu casa, en tu cuarto, en tu teléfono celular, para que leas estas afirmaciones todos los días.

Usa un anclaje que te permita recordarte y conectarte con todo eso que quieres ser y estás practicando: puede ser una alarma en tu teléfono, un letrero, una pulsera o algo visible que te recuerde, cada vez que uses un vocabulario contrario al amor, que debes cambiarlo; que estás aprendiendo, que estamos trabajando para mejorar, para no olvidar que tienes un norte trazado con objetivos claros, y de esa forma le das nuevas instrucciones a tu mente, para que vaya reemplazando todo aquello que ya no te sirve.

CÓMO PROGRAMAR TU AUTOESTIMA

Los seres humanos somos programación pura. Sólo ejecutamos lo que hemos almacenado a lo largo de toda nuestra vida, y en consecuencia, todo el tiempo estamos actuando de manera automática, aunque creamos estar haciéndolo conscientemente.

Esto ocurre porque, comúnmente, no le prestamos la atención necesaria a nuestras acciones, ni mucho menos tomamos decisiones que nos ayuden a definir o a darle forma a la vida que queremos tener, dejando que el ambiente o las circunstancias nos lleven.

Si queremos generar cambios significativos en nuestra vida y en el mundo, debemos estar verdaderamente conscientes, y esto solo es posible haciendo nuevas programaciones en nuestra mente. De esto dependerá que logremos respuestas diferentes ante los retos que se nos presentan en el día a día.

Necesitas reconocer qué es lo que realmente quieres para ti.

Es momento de poner en práctica los **tres pasos para mejorar nuestra autoestima** que te mencioné al principio de este libro, con el fin de que empieces a evaluar tu presente y puedas generar decisiones más asertivas para mejorarlo. Al final de cuentas, serás tú mismo quien determine lo que estás creando, lo que te hace sentir a gusto, lo que te desagrada...

Esto significa que, si no te gusta la vida que tienes en este momento, puedes crear una que realmente te guste, donde tú seas quien imparta las instrucciones que dirigen todo sobre ti.

Todas estas reprogramaciones implican cambios favorables en el ambiente y el contexto donde te desenvuelves; decisiones importantes que te acompañarán a lo largo de tu vida. Quizás hasta ahora sientas que has podido decidir muchas cosas y otras no tanto;

Te invito a que, de ahora en adelante, seas tú quien decida, diseñe y lleve a cabo el proyecto de tu vida.

La vida ya existe en el subconsciente, que es la mente que ejecuta o crea nuestra vida, pues allí se almacenan todos los programas que nos gobiernan. La diferencia que hará la conciencia será ayudarnos a decidir y darle forma a esa vida, y para ello necesitamos ejecutar cambios significativos en nuestra programación, para que vaya más acorde a lo que queremos.

Si en este momento tienes tu autoestima por el suelo, esto se traduce en dificultades para amarte, respetarte, valorarte, hablar bien de ti mismo o simplemente creer en ti, entonces, vamos a tener que trabajar de inmediato en tu autoestima y hacer nuevas programaciones en tu mente.

Puedes programar tu mente de dos maneras:

1. A partir de la repetición.

2. A partir de las emociones.

1. PROGRAMACIÓN DE TU MENTE A PARTIR DE LA REPETICIÓN.

Ante todo, es necesario recordar que la repetición es una estrategia muy eficaz para la instalación de cualquier programa en nuestra mente; consiste en reiterar una determinada información, una y otra vez, hasta que pase a formar parte de nuestros mecanismos de respuesta automática ante la realidad, y es, de hecho, la forma en que hemos adquirido eso que llamamos "personalidad", que nos define y define a su vez la relación que establecemos con nuestro entorno.

De lo que se trata aquí es de aplicar este mismo principio, ahora de forma consciente, sustituyendo los programas inoperantes que nos fueron instalados desde nuestra infancia y que nos alejan de nuestro verdadero Ser, para instalar en su lugar aquellos que nos van a permitir alcanzar nuestra realización como seres humanos plenos.

A través de la repetición hemos sido programados desde el principio; ahora podemos emplearla de manera consciente a nuestro favor.

La razón por la cual funciona repetir para aprender, desaprender y reaprender, se debe a lo que llamamos **neuroplasticidad** o plasticidad neuronal, es decir, la capacidad que tienen nuestras neuronas para modificarse y generar conexiones nerviosas distintas en respuesta a nuevos estímulos.

Al reorganizar sus patrones de conectividad neuronal, nuestro cerebro logra optimizar su funcionalidad ante los cambios que experimentamos en el día a día; esta es quizás la capacidad más fascinante que tenemos como seres integrales.

Tenemos la posibilidad de adaptar conscientemente nuestra respuesta ante las circunstancias que nos rodean.

Este es un milagro que sucede a cada instante en nosotros mismos, y ha llegado el momento de darle todo el crédito y el valor que merece.

Gracias a esta fantástica capacidad, podemos literalmente diseñar y construir a la persona en la que deseamos convertirnos... No solo a nivel de nuestro autoconcepto, sino incluso en términos más visibles, como por ejemplo, tu lenguaje gestual y corporal pueden cambiar cuando instalas otro tipo de conceptos o creencias en tu subconsciente.

Investigaciones científicas han demostrado que el aprendizaje voluntario es mucho más efectivo que el impuesto; esto significa que tu voluntad y deseo de lograr objetivos distintos, son determinantes para el éxito en este tipo de procesos de programación mental consciente.

Existen cuatro maneras de poner energía en el Universo: *el pensamiento, las emociones, las palabras y las acciones*.

Programar nuestra mente es posible en base a la repetición de cada una de estas fuerzas vibratorias:

◊ *Repetición del pensamiento*, en la forma de un diálogo interno que retumba en nuestra mente con ideas positivas como objetivo único. El pensamiento es una semilla de creación; pensamos a tal velocidad, que no somos conscientes de que lo hacemos.

Utilizar la calidad de nuestro pensamiento como herramienta de programación mental significa aprender a pensar de manera distinta, cuidando la dirección y la carga emocional que le otorgamos a nuestros pensamientos.

No se trata de pensar positivamente porque sí, como si se tratara de una fórmula mágica o una receta de cocina; se trata de aprender a pensar de manera eficaz, para lograr salir a flote de las dificultades, en lugar de ahogarnos en ellas.

Quizás una de las evidencias más contundentes del poder del pensamiento, es el mundo tal y como existe en este momento, materializando todas las ideas confusas, equivocadas o negativas que hemos venido arrastrando como humanidad a lo largo de muchas generaciones.

Actualmente se está gestando un cambio de consciencia que se basa en la reprogramación mental, y que persigue, entre otros objetivos, cambiar la orientación y la carga emocional de nuestros pensamientos para poder así modificar nuestra realidad.

◊ *Repetición de las palabras*, que son la traducción de la energía de nuestros pensamientos. Dependiendo de la intención con la cual sean empeladas, las palabras tienen efectos concretos en la realidad; ellas nos permiten crear o destruir, lo cual significa que son mucho más que sonidos.

Las palabras que pronunciamos son una radiografía de lo que existe en nuestro interior, y afectan tanto nuestra realidad circundante como nuestra relación con nosotros mismos a través de nuestro diálogo interno, es decir, todas esas palabras que nos decimos a nosotros mismos. Todo lo que nos decimos a nosotros mismos se convierte en una verdad para nuestra mente, y desde ahí vemos el mundo; por eso es tan importante cultivar un diálogo positivo y saludable con nosotros mismos.

¡El poder de tus palabras es indiscutible!

Si dices: *"No puedo"*, ¡así será!, pero si dices: *"Sí puedo"*, igualmente, ¡así será!

Nuestra realidad será tan abundante o tan limitada como lo sean nuestras palabras; lo que se va a manifestar a nuestro alrededor es lo que estamos decretando a diario con cada palabra que pronunciamos.

◊ *Repetición de las emociones*, que van de acuerdo a lo que deseamos y determinan cómo nos sentimos: si estamos asumiendo el papel de víctimas, si nos sentimos culpables, malas personas, desganados, o por el contrario, si creemos en nosotros, si tenemos deseos de hacer cosas y estamos convencidos de que todo va a salir bien.

Podemos emocionarnos positivamente las veces que sea necesario: nos emocionamos porque creemos en nosotros, porque hacemos las cosas bien, porque nos sentimos bien. Mientras más permanente sea este estado, mucho mejor.

Numerosos pensadores y estudiosos de los asuntos del Ser coinciden en afirmar que una carga emocional positiva contribuye a que podamos manifestar una mejor realidad a nuestro alrededor.

Afortunadamente, ahora sabemos que podemos decidir cuál es el estado de ánimo que deseamos tener; en otras palabras, no somos simples marionetas de nuestras emociones, sino que podemos aprender a gestionarlas de forma inteligente para apoyar nuestro bienestar y el bienestar común, porque somos parte de una inteligencia Universal, y si estamos bien, las cosas a nuestro alrededor estarán bien.

Los terapeutas actuales estamos conscientes de que como es adentro, es afuera; por esta razón, no comenzamos a tratar las dolencias de afuera hacia adentro, porque esto sería equivalente a poner todo el énfasis en los síntomas, cuando lo que debemos procurar es desentrañar las causas.

◊ ***Repetición de las acciones virtuosas***, generadas a partir de la conjunción de pensamientos, palabras y emociones positivas. Observa tu realidad, tal y como la estás viviendo hoy en día; toda esta panorámica ha sido creada por ti a partir de un pensamiento, una idea a la cual le imprimiste una emoción y la convertiste en hechos y situaciones tangibles.

De la misma manera en que puedes generar pensamientos positivos, palabras y acciones positivas que se traducen en una realidad gratificante, es posible también construir realidades no deseables a partir de pensamientos, palabras y emociones no gratificantes; esto es fundamental, porque el poder creador de nuestra mente funciona tanto para bien como para mal.

De acuerdo con la frecuencia energética de lo que piensas, dices y sientes, puedes estar generando resultados positivos o negativos con la misma eficacia.

"Yo creo lo que creo"
Hans Küng

Si en este momento tu vida no refleja la realidad que deseas, significa que es necesario revisar tus acciones, pues estas te darán pistas para comprender la naturaleza de tus pensamientos y definir los aspectos en los que necesitas modificarlos.

Cuando comprendes que eres el único arquitecto de tu vida, te das cuenta de que tienes en tus manos la posibilidad de transformarla de la manera en que desees. Una misma situación puede ser vista por ti como un problema o como una oportunidad; tú tienes la última palabra.

Las acciones son energía aplicada directamente sobre nuestra voluntad, para ejecutar nuestros pensamientos, emociones y palabras; por lo tanto, es necesario que exista coherencia entre todos estos elementos, porque solo así será posible que todo tu poder de creación se dirija sin desviaciones hacia el mismo objetivo.

La correspondencia entre tus pensamientos, tus palabras, tus emociones y tus acciones, canaliza todo tu potencial hacia el logro de los resultados que esperas...

Las acciones virtuosas se enriquecen notablemente con la práctica de la gratitud, pues te conecta con la emoción de la confianza y la seguridad de que siempre podrás realizar los cambios que necesitas en tu vida para crear la realidad que deseas.

La verdadera finalidad de nuestra vida humana es nuestra realización como seres integrales, es decir, con un desarrollo equitativo entre nuestras distintas dimensiones.

La verdadera realización se desarrolla por igual en todos los ámbitos de tu vida, es decir, que tus logros materiales deben ir a la par de tus logros espirituales y emocionales; de lo contrario, solo serán situaciones pasajeras que se desvanecerán ante los vientos de las circunstancias,

La plenitud es precisamente eso: una sensación de completitud, de tener tanto que es posible dar sin sentir que estamos perdiendo.

La realización es esa sensación de plenitud que impregna nuestra existencia, y que nos permite estar satisfechos con nuestra vida, a la vez que nos estimula a contribuir con la realización de nuestros semejantes.

2. PROGRAMACIÓN DE TU MENTE A PARTIR DE LAS EMOCIONES.

La base de la programación es practicar la repetición de pensamientos y palabras, la repetición de emociones y la repetición de las acciones, y una forma muy efectiva de hacerlo es a través de tu dialogo interno todas las mañanas frente al espejo; sin embargo, no es la única...

◊ *Sentir.* Las emociones juegan un papel protagonista en los procesos de aprendizaje y programación mental, porque contribuyen a generar nuevas conexiones neuronales que nos permitan adaptarnos y responder a cada nueva situación de manera creativa y eficiente.

Por supuesto que, para consolidar una programación positiva de tu mente, debes recurrir igualmente a emociones positivas que retroalimenten de manera favorable los nuevos contenidos que deseas instalar en tu subconsciente; esto obedece a que el cerebro se predispone más favorablemente a los estímulos beneficiosos, lo cual favorece el aprendizaje.

Un concepto muy importante para el reconocimiento y manejo consciente de nuestra mente, es el de la *inteligencia emocional,* el cual se refiere a la importancia de conocer el potencial creativo de nuestras emociones y aprender a canalizarlo favorablemente.

Esto es particularmente grandioso, porque plantea un reconocimiento dentro del ámbito científico de la estrecha relación existente entre nuestros pensamientos, nuestras emociones y la realidad que manifestamos en nuestra vida.

La inteligencia emocional se manifiesta en *cuatro dimensiones*:

1. Conocimiento de sí mismo. Se enfoca en aprender a identificar lo que piensas, lo que sientes y lo que trasmites con tus palabras y tus acciones.

2. Autorregulación. Es una consecuencia de la primera, y se refiere al hecho de administrar y gestionar el potencial de nuestras emociones, para canalizar su potencial creativo en lugar de permitirles controlar nuestra vida.

3. Conciencia colectiva. Debemos reconocer que todos estamos vinculados con los demás seres vivos, de manera que los cambios (positivos o negativos) generados a nivel de la mente individual afectan también a la mente colectiva, y viceversa.

4. Regulación de las relaciones interpersonales. Consecuencia de la anterior, la forma en que nos relacionemos con otros seres humanos depende de la forma en que manejamos nuestras emociones, pero al mismo tiempo, genera otros ámbitos emocionales en los que quedamos inmersos, como las olas de un mar incansable.

No estoy refiriéndome al hecho de controlar o reprimir nuestras emociones; de lo que se trata aquí es de implementar de manera consciente el uso de uno de los componentes indiscutibles de nuestra naturaleza humana, como lo es el espectro emocional.

Precisamente, la gran verdad que deseo transmitirte es que tú puedes decidir cómo sentirte, qué emoción experimentar, y esto se logra observando de manera crítica tu forma de relacionarte con la realidad a partir de tus pensamientos, tus palabras y tus acciones.

Lo que sentimos tiene repercusiones directas en nuestros procesos de memoria y aprendizaje.

Siempre pongo como ejemplo una canción de Paco Stanley: *"Qué lindo soy, qué bonito soy, cómo me quiero...Ay, Ay, sin mí me muero...Ay, ay, jamás me podré olvidar..."*; por increíble que parezca, esa canción le cambió la autoestima a muchos hombres y mujeres en México en poco menos de un año. Era una canción divertida y pegajosa; las personas la cantaban y la bailaban todo el tiempo, y de esa manera se estaban activando dos herramientas poderosísimas para la programación de la mente: *la repetición y la emoción.*

Mientras más sientas esta práctica, más rápido se va a programar en ti; mientras más intensamente te emociones, más rápido se van a instalar estas ideas en tu subconsciente.

Te invito a que cantes tus emociones; ¡ponle música a tus afirmaciones! No te conformes con tener un diálogo frente al espejo; ¡súmale emoción a todas tus afirmaciones! Ponles ganas, baile, incluso, puedes cantar, y ahí estarás aplicando ambas herramientas: la repetición y la emoción.

Mientras más cantes tus afirmaciones, mientras más te diviertas y te digas cosas bonitas, más va a mejorar tu autoestima.

Algo que siempre recomiendo en mis talleres y conferencias es que crees tu propia canción con afirmaciones que levanten tu autoestima, que te ayuden a cuidarte, que te ayuden a creer en ti, que te ayuden a sentirte bien, que te ayuden a respetarte, que te ayuden a valorarte.

¡Crea tu propia canción! Pueden ser unas tres o cuatro frases cortas (afirmaciones positivas), nada más. Si tienes talento para la música, ¡grandioso! Si tienes talento para escribir, ¡mucho mejor!, y si tienes talento para bailar, ¡pues ya estás ganado!

A mí me gusta cantar, pero me intimida hacerlo en público; si ese es también tu caso, puedes hacerlo cuando estés a solas, en tu habitación, en el baño o donde quieras. De las muchas técnicas que existen para programar tu mente, cantar es una de las más sencillas de ejecutar, y al mismo tiempo genera resultados increíbles.

Al practicar tus afirmaciones y tu propia canción, realiza una visualización creativa: Imagina cómo quieres ser.

◊ **Visualizar.** Todos tenemos el poder de usar nuestra imaginación para hacer realidad aquello que deseamos, y precisamente por eso es que se habla de **visualización creativa**.

El pensamiento es creador: nos convertimos en aquello que pensamos; sin embargo, cuando además de pensar algo, somos capaces de proyectarlo en nuestra pantalla mental, nuestro poder creador se duplica.

Cuando logramos darle vida a eso que deseamos, percibiéndolo como si ya estuviera ocurriendo, literalmente lo atraemos a nuestro presente; esto no solo aplica para cosas materiales, sino también para estados del Ser que desees alcanzar: amor, prosperidad, salud, paz...

Un factor determinante en el logro de una visualización efectiva es tener muy claro en tu mente y en tu corazón cuál es el resultado final de lo que quieres, y también el por qué deseas manifestarlo; esa intención puede hacer la diferencia, porque si utilizas el poder creador de tu mente para cumplir con simples caprichos, las consecuencias no tardarán en hacerse sentir.

En cambio, si has reflexionado lo suficiente, y sobre todo, estás seguro de que tu deseo no perjudica a nada ni a nadie, sino que por el contrario, está en armonía con todo y con todos, su materialización será una bendición para tu vida y la de quienes te rodean.

Todo esto es posible, gracias a que nuestro cerebro no establece diferencias entre la fantasía y la realidad, y por lo tanto, la actividad neuronal es la misma para ambas situaciones; es por ello que podemos darle un giro positivo al potencial creador de nuestra actividad mental.

La visualización creativa no solo te puede ayudar a programar tus resultados, sino también la manera de llegar a ellos, es decir, *el proceso.*

Otro aspecto que nunca está de más recordar es la importancia de imprimirle intensidad emocional a tus visualizaciones, incorporando en ellas la mayor cantidad de elementos sensoriales y afectivos que contribuyan a que esa idea se haga realidad dentro de ti, antes de manifestarse en el plano físico.

No olvides que, mientras tu gran visualización se hace realidad, puedes ir dando pequeños pasos en esa dirección; por ejemplo, si uno de tus anhelos es consolidar una relación de pareja estable y satisfactoria, comienza por permitirte conocer a las personas más indicadas para ello; asiste a entornos en los cuales se realicen actividades constructivas, productivas y beneficiosas.

Todos podemos visualizar, y para hacerlo solo necesitas cerrar los ojos y generar una imagen mental de eso que desea alcanzar; ese es el primer paso de una acción creadora, y nos habla de la condición divina que habita dentro de cada uno de nosotros.

Recomiendo hacer este ejercicio en las noches, cuando te estés quedando dormido, o en las mañanas cuando estés despertando, porque en ambos momentos tu mente se encuentra en *estado Alfa*, es decir, en la frecuencia de la meditación, de la total relajación y la tranquilidad, de la creatividad; es en esos momentos en los que resulta ideal hacer programaciones...

Proyecta tu propia imagen ante ti; obsérvate, percibe a esa persona que quieres ser y que cree en sí misma, que se ama por completo, que se respeta, que se valora, que sabe que se merece y que lo tiene todo.

La técnica de visualización es mucho más poderosa cuando pones en ella todos tus sentidos.

Quizás las primeras veces te cueste un poco realizar esta práctica de visualización, pero, conforme sigas ejercitándola irás consiguiendo añadirle más elementos: le puedes poner música, le puedes agregar sonidos, puedes comenzar a colocarle aromas, formas, colores especiales; a lo mejor te veas vestida o vestido de forma diferente, comportándote de maneras inusuales; incluso, puede que escuches a la gente hablar...

A mí, por ejemplo, el aroma de lavanda me encanta, pues me hace sentir empoderada; me recuerda cosas que me conectan con ese sentimiento, y eso hace que se amplifique la capacidad transformadora de esa sensación.

Recordar aquello que te empodera es un atajo para alcanzar más rápidamente la vida que quieres.

Si vas a utilizar la visualización creativa, acostúmbrate a hacerlo en los momentos Alfa durante todos los días; si vas a cantar tu canción o tus frases de autoestima, hazlo todos los días; canta, muévete y conéctate con todas esas emociones positivas que te van a ayudar a programar tu mente.

Olvídate del miedo a hacer el ridículo; te aseguro que, si te paras frente al espejo y empiezas a bailar y a cantar tu canción sabiendo que nadie más te está viendo, lo menos que vas a sentir es vergüenza.

Aprende a hacer el ridículo contigo mismo; una vez superada esta primera barrera, te liberas de todo prejuicio o predisposición, porque de esa manera vas a ponerle menos atención a las cosas externas y vas a darte la libertad de ser tú.

◊ **NAP (Night Audio Program).** Se trata de una técnica de programación de la mente que consiste en escuchar grabaciones que te haces a ti mismo.

Al igual que el resto de las estrategias anteriores, si te inclinas por esta modalidad, debes escucharlas todas las noches; para ello puedes valerte de cualquier aparato de grabación de sonido, incluso puedes hacerlo mediante tu teléfono celular.

Cuando te escuchas a ti mismo durante las noches te conectas con el estado Theta de la mente, caracterizado por un descenso en la actividad cerebral que te sumerge en un sopor hasta quedarte dormido ligeramente. Esto es lo que se conoce como *estado de programación*, porque es cuando la mente está totalmente dispuesta a los cambios.

A diferencia del estado Delta, en el que nos adentramos en las profundidades del subconsciente, el estado Theta se puede interpretar apenas como el límite del subconsciente, por lo que es posible instalar en él todas las nuevas programaciones, para que pasen a formar parte de nuestro ser.

Otra forma de encontrar el estado Theta es a través de la hipnosis, pero en lo personal, no soy partidaria de poner mi voluntad en poder de otra persona, así que he creado mis propias NAP´s, y ahora te voy a indicar cómo hacerlo tú también.

El primer paso consiste en escribir todo lo que quieres programar en tu mente, organizándolo en tres grupos, de la siguiente manera:

1. **Afirmación Principal.** Es la idea central que deseas programar en ti, y está relacionada con la definición de quién eres. Puedes empezar con una pequeña afirmación: *"Yo me llamo _____ _____, y me amo y me acepto completamente".*

2. **Afirmaciones de Apoyo.** Pueden ser dos o tres oraciones que reafirmen nuestra oración principal, reforzando lo que quieres y lo que te gusta.

3. **Afirmaciones de Gratitud.** Son el broche de oro para cerrar tu conjunto de oraciones; puedes incluir una o dos afirmaciones de gratitud.

Es muy importante que escuches tus afirmaciones todas las noches, y poco a poco puedes ampliarlas o complementarlas. Por eso es importante que las escribas y las revises. Deben ser afirmaciones positivas, que no contengan palabras negativas o que te limiten en tu objetivo; por ejemplo: Si estás hablando de dinero o abundancia, la palabra **deuda** va en contra de tu objetivo final, que es tener dinero.

Lo mismo ocurre cuando usas la palabra **problema**, cuya connotación todos sabemos que no es positiva. Por supuesto, todo depende de la manera en que construyas tu afirmación; es muy diferente pensar: *"Necesito solucionar todos ms problemas"*, que afirmar: *"Yo soluciono mis problemas ..."*

Entonces, lo primero que tienes que hacer es evaluar y revisar lo que has escrito, y verificar que todo lo que esté ahí plasmado sea positivo, que vaya a favor de lo que quieres, que apoye todo lo que quieres.

"Yo me amo y me acepto completamente... ¡gracias! ¡gracias! ¡gracias...!"

Si estás haciendo un NAP para tu autoestima, debe estar enfocado en ti y en afianzar tu relación contigo; puedes leer, ensayar y revisar las ideas antes de grabarlas. Recuerda que es lo que escucharás todas las noches; son los nuevos programas que vas a instalar en tu subconsciente, y que traducen lo que tu deseas, lo que quieres, lo que vas a buscar.

Por eso es necesario que le imprimas emociones a tus palabras; por ejemplo, si tú dices: *"Me amo y me acepto completamente"*, aunque la afirmación es positiva, puede que la emoción sea negativa; por esta razón, cuando grabes tu NAP debes imprimirles emociones a tus afirmaciones; procura leerlas bien, vivirlas, sentirlas... Incluso, ¡puedes cantar!

La tecnología de la que disponemos hoy en día nos permite hacer uso de aplicaciones móviles en nuestros teléfonos; también podemos emplear programas en nuestras computadoras para grabar y reproducir nuestras NAP´s, y hasta podemos acompañarlas con música de fondo.

Debes escuchar tus grabaciones todas las noches por un lapso de dos o tres horas.

No importa si te quedas dormido, o si por el contrario, permaneces despierto durante el tiempo en que se estén reproduciendo.

Algunas personas utilizan audífonos, mientras que otras se habitúan a escuchar sus NAP´s a pesar del ruido del entorno; si tienes la dicha de poder escuchar tus afirmaciones sin interrupciones, reproduce tu grabación con un volumen moderado y déjalas andando hasta que te quedes dormido, hasta que se te acabe la batería del teléfono, o hasta que te despiertes un momento y la apagues para continuar durmiendo.

Quizás al principio puedas experimentar un ligero dolor de cabeza, o una sensación de comezón en todo el cuerpo (como fue mi caso); esto se debe a que nuestra mente va a intentar resistirse a los cambios, porque está diseñada para evitar riesgos, y toda trasformación nos saca de nuestra zona de confort.

La mente siempre va a hacer todo lo posible para evitar que cambies...

Por esta razón, siempre debes estar alerta, para evitar que tu mente sabotee tu deseo de transformación.

Recuerda que el NAP nunca va a hacerte daño. Por lo general, cuando doy mis talleres, mis alumnos me piden asesoría para revisar sus NAP´s, y yo siempre estoy para servirles y acompañarlos en sus procesos. Para que comiencen con esta práctica, les sugiero el siguiente NAP:

"Yo me amo y me acepto completamente.

Yo me doy permiso de liberarme

de todo lo que me limita.

Yo me perdono y perdono a los demás.

Yo me valoro.

Yo me respeto a mí misma.

Yo soy valiosa.

Yo valoro mi palabra.

Yo soy lo más importante de mi vida.

Yo me cuido completamente.

Yo soy una mujer valiosa y feliz.

Gracias Dios, porque yo me amo

y me acepto completamente.

Gracias, porque yo tengo muy buena autoestima.

Gracias, Gracias, Gracias..."

- **"Yo me amo y me acepto completamente"**. Esta frase es un ejemplo de lo que podría ser tu afirmación principal; sin embargo, hay personas que todavía no se aceptan, y esta frase les resulta incómoda. Tú te conoces a ti mismo, y sabes mejor que nadie qué es lo que puedes y lo que estás dispuesto a hacer; puedes poner o quitar las palabras que tú quieras, empleando únicamente aquellas con las que te sientas más identificado.

- **"Yo me perdono y perdono a los demás; yo me valoro; yo me respeto a mí mismo; yo soy un ser humano valioso y feliz; yo valoro mi palabra; yo soy lo más importante de mi vida; yo me cuido completamente, y me doy permiso de liberarme de todo lo que me limita".** Todas estas afirmaciones apoyan a la primera y fortalecen tu autoestima; de igual manera, puedes usarlas, modificarlas y adaptarlas a tu situación.

- **"Gracias Dios, porque me amo y me acepto completamente; gracias por mi autoestima;**

gracias, porque puedo trabajar en mí y convertirme en el ser humano que deseo ser... ¡gracias! ¡gracias! ¡gracias!". Estos son, finamente, ejemplos de afirmaciones de gratitud para el cierre de tu NAP.

Este es solo un ejemplo; tu NAP puede ser más corta o más larga de acuerdo a tu criterio y al uso que le quieras dar. Este es el sistema de programación más efectivo que conozco, y además, es mucho más rápido, porque llega directamente al estado Theta.

Debes escucharlo solo durante las noches; no recomiendo hacerlo durante el día, por ejemplo, mientras manejas, porque automáticamente tus palabras te transportan a un estado de relajación y te quitan la conciencia que necesitas cuando realizas tus actividades cotidianas. En todo caso, si no tienes más opción que escuchar tu NAP durante el día, asegúrate de tener el tiempo necesario y de tener comodidad; quizás sea conveniente que te recuestes, o que quizás duermas un rato.

Recapitulando: **PASOS PARA HACER UNA NAP**

1. Escribe tu NAP siguiendo los tres pasos mencionados anteriormente.

2. Revisa cuidadosamente todo lo que escribiste, y asegúrate de que sea exactamente lo que tú quieres programar en tu mente; lo que quieres lograr. Todas

tus afirmaciones requieren llevar el *Yo* al principio, redactarse en tiempo presente (como si ya fueran realidad) y usar palabras positivas.

3. Practica leer en voz alta lo que escribiste antes de grabarlo, para relacionarte con lo que expresas, y que tu emoción al grabarlo vaya de acuerdo a lo que estás diciendo. La emoción es muy importante, porque es el lenguaje de la mente subconsciente.

4. Ya que practicaste y te sientes seguro, procede a grabar tus afirmaciones, ya sea en tu teléfono o en la computadora. Puedes usar música instrumental (sonidos que vayan de acuerdo a lo que quieres) de fondo al grabar tu NAP.

5. Escúchala repetidamente todas las noches (mientras te estás durmiendo), por más de tres horas. Puedes hacerlo desde tu teléfono usando alguna aplicación especial, o bien grabarlas en un iPod.

Recuerda practicar esta técnica con mucho cuidado, ya que estás programando tu mente subconsciente, la cual ejecuta y crea tu vida.

Es la técnica más efectiva que conozco para programar la mente subconsciente, así que, por favor, úsala con responsabilidad.

Como ves, existen diversas herramientas como las afirmaciones positivas, las canciones, los bailes, la visualización creativa, las NAP's; sin embargo, para ver resultados no basta con practicarla solo una vez; se requiere ser constantes, ejercitarlas a diario, convertirlas en un hábito de vida: *Todos los días, solo por hoy.*

La finalidad de todas estas prácticas es que logremos hacer las cosas de forma automática para que nuestra vida sea mejor; para que podamos lograr lo que queremos; para que el amarnos y valorarnos a nosotros mismos sea nuestra actitud natural.

Te invito a que empieces a darte el permiso para realizar tus afirmaciones positivas; párate frente al espejo y háblate a ti mismo, canta tus afirmaciones y practica tus visualizaciones creativas, y si quieres un resultado aún más rápido y eficaz, apóyate en el NAP.

En mi caso, ya tengo varios años programando mi autoestima y se ha convertido en una parte de mí; llega un momento en el que todas las herramientas que necesitas para pulir la forma en que te percibes a ti mismo ya estarán instaladas en lo más profundo de tu consciencia, listas para que las uses en seguir mejorando.

Tú puedes programar tu autoestima, y esta es la única manera de lograrlo.

5. El Manejo de tu Ego.

Nadie ve a nadie de verdad,

sino a través de los defectos

de su propio ego.

Vladimir Nabokov.

EGO VS. AUTOESTIMA

"Ego", palabra del latín que significa *"Yo"*, es el término que hemos adoptado a lo largo de los años para designar la conciencia del ser humano como individuo y su capacidad para percibir el mundo que le rodea.

El ego es la parte central de la consciencia humana encargada de dar el sentido de *"si mismo"*; para mí, es la imagen o identidad que has creado de ti mismo en base a la programación que el medio ambiente te ha impuesto.

Es un conjunto de máscaras o personalidades con las que te identificas, ante ti mismo y ante los demás.

Los seres humanos somos programación pura; por lo tanto, somos seres automáticos manejados por nuestro ego, o mejor dicho, por nuestros programas, almacenados en nuestra mente subconsciente.

Sin estos programas no podríamos vivir como humanos; por lo tanto, el ego es necesario para vivir en este mundo.

El ego nos sirve para relacionarnos con el entorno; nos protege del mundo exterior, nos identifica ante los demás, nos representa, nos ayuda a encajar y a ser aceptados. Sin embargo, el ego mal manejado nos complica la vida.

Al ego lo puedo identificar como la vocecita que vive dentro de mí; esa que la mayoría de las veces me critica y me juzga; la que se manifiesta sin mi consentimiento a todas horas, y que prefiero ignorar la mayor parte del tiempo.

¿De dónde viene esa vocecita? De mis programas o creencias, instalados en mi mente subconsciente; por eso, el ego es una imagen falsa de nosotros mismos y del mundo exterior, que todo ser humano tiene y que se empieza a formar en nuestra infancia conforme nos vamos programando.

Vivimos en una ilusión creada por nuestra mente.

En el ego se encuentran el miedo, el sufrimiento, el victimismo, la lucha, la culpa, la arrogancia, la reactividad, la crítica, la competencia, la insatisfacción, la necesidad de aprobación de los demás, el reconocimiento, la envidia, los vicios y malos hábitos; las etiquetas y todas las reglas que la sociedad nos ha impuesto.

La definición de ego resulta difícil, debido a las diferentes acepciones que tiene. A lo largo de la historia se ha relacionado con la psique, con el ser, con la conciencia y con el alma, entre otros. Debemos partir de su significado etimológico: la palabra proviene del latín, y significa *Yo*, la unidad mínima y máxima del Ser y todas sus connotaciones filosóficas.

El ego se manifiesta comúnmente de dos maneras:

1. *Te critica y te juzga*, robándote tu valor y haciéndote sentir como víctima.

2. *Te eleva* y te hace sentir superior a los demás.

Como seres humanos siempre buscamos equilibrar el ego, porque como hemos visto, lo usual es tenerlo muy alto o muy bajo; aprender a convivir con estos extremos será una constante a lo largo de nuestra vida.

El ego no es malo ni bueno; todo depende de cómo lo manejemos.

No podemos despojarnos del ego, porque forma parte de nuestra mente, y además es necesario para vivir una vida humana. Jamás nos podremos desprender de nuestra programación o identidad creada; lo que sí podemos hacer es crear una identidad que vaya de acuerdo a la vida que queremos vivir, y así nuestro ego nos ayudará, en lugar de complicarnos la existencia.

Tú no eres tu ego; tu esencia natural como ser humano es tu grandeza y está intacta. **Yo Soy** es tu verdadera identidad, la cual está llena de amor, benevolencia y magnificencia.

El ser humano **no es** su programación; el ser humano es el ente más poderoso en el Universo, y tiene el poder de crear su propia vida.

La mayoría de las veces confundimos el ego con el exceso de autoestima, y empezamos a clasificar o etiquetar a las personas por la forma en que se comportan: si tienen actitudes prepotentes, si son presumidas y orgullosas, decimos que su ego es muy elevado.

En realidad, el ego y la autoestima van en direcciones contrarias.

El ego es parte de la programación que has recibido, mientras que la autoestima está en la consciencia de tu grandeza intrínseca, y por supuesto, también depende de tu programación, solo que en este caso es voluntaria.

El ego es la imagen e identidad que hemos creado de nosotros mismos.

En la mayoría de los casos, las personas creen que son lo que los demás ven, saben o dicen de ellos, y no lo que realmente son. Se basan en lo que han dicho de ellas; ese es el concepto de ego que manejan: un conjunto de máscaras o personalidades impuestas, pero en realidad esto no tiene nada que ver con lo que en verdad es el ego.

Todo eso que te han hecho se ha convertido en programas instalados en tu mente: *"Tú no vales", "Tú no sirves para nada",* o todo lo contrario: *"Tú vales mucho", "Tú vales más que los demás", "Tú fuiste a la universidad, y los otros ni siquiera han ido a la primaria", "Tu vales más, porque vives en una casa mejor", "Tú vales más, porque tienes un mejor trabajo" ...*

El ego tiene esa dualidad: o te victimiza y te hace chiquito al punto de que no vales nada, o te alaba y te hace más grande de lo que en realidad eres. En ninguno de los dos casos hay una sana autoestima.

Si no te amas a ti mismo y no reconoces tu valor, el ego se incrusta en tu programación.

Los seres humanos tenemos ese gran problema: cuando no creemos en nosotros mismos, nuestro ego se aprovecha y nos hace chiquititos; se empeña en decirte que no vales nada, que no mereces nada, que no creas en ti. En cambio, cuando tu programación te dice todo lo contrario, te avientas de una, sin medir las consecuencias.

Muchas personas que fueron abusadas o maltratadas en su infancia, crecieron pensando que no servían para nada, que no valían nada, y tras años de lucha con los monstruos internos que crean estos complejos, pudieron superar esos traumas acompañados de sacrificios; puede que hayan logrado tener una carrera universitaria que les costó un ojo de la cara; tal vez consiguieron muy buenos empleos; tienen una vida *"aceptable"* en muchos aspectos, pero crecieron resentidos.

A estas personas su ego les habla y les dice: *"Ahora tú eres más poderoso" "Ahora tú vales más; ¡no te dejes! Ya no te pueden hacer lo que antes te hicieron"* ... Estos seres humanos se convierten en personas prepotentes; posiblemente tendrán el control sobre la gente, que se llama *"**poder**"*, y lo va a usar para maltratar o abusar de los demás para sentir más que ellos.

Pasa mucho con políticos, mártires, celebridades... Todas estas personas no tuvieron o no tienen autoestima ni amor propio; lo único que tiene es un ego exacerbado que les alimenta la idea de ser los mejores, de ser superiores.

Están a la defensiva, porque fueron programados bajo maltrato, y al salir del ambiente donde fue tratado mal, al verse en la otra posición, la usa ya sea para desquitarse o para protegerse.

Hay muchos líderes que han llegado a serlo tras un gran sufrimiento, y cuando están en una posición superior a los demás, se vuelven abusivos con las personas; las controlan, se sienten más que ellas y creen merecer más que ellas, porque consideran que les costó mucho trabajo llegar a donde están.

El ego te lleva a victimizarte.

Es el ego el que acorrala: puede ponerte en una orilla en la que no vales nada, donde no tienes valor, donde no te respetas, donde no te cuidas, donde le crees todo a los demás y no crees en ti, o en la orilla opuesta, en la que te crees mejor que los demás, en la que te comparas y siempre eres la persona que brilla, la que tiene siempre la razón.

Cuando el ego nos domina,
no tenemos autoestima.

Necesitamos tomar conciencia de todas esas situaciones en las que perdemos el control de nosotros mismos y quedamos actuando bajo la influencia del ego; para ello, necesitamos situarnos en el justo medio: en el área de nuestra autoestima.

Es allí donde nos valoramos, nos respetamos y nos amamos, y del mismo modo valoramos, respetamos y amamos a todos los seres humanos, dándoles el mismo valor que nos damos a nosotros, y sintiéndolos merecedores de todo lo que nosotros pudiéramos tener.

EGO Y PERSONALIDAD

El ego no es lo que realmente somos, sino una especie de máscara que nosotros mismos construimos en base a las creencias de lo que somos; dicho de otro modo, el ego es una construcción mental, algo que solo existe gracias a que nosotros lo proyectamos y le damos vida.

El ego es una característica exclusiva del ser humano, porque es el único ser de la naturaleza que puede tener pensamientos sobre sí mismo, es decir, definir una identidad a partir de todo aquello que interpretamos de nosotros mismos, y que cometemos el error de creer cierta.

Es precisamente esa imagen que nos formamos de nosotros mismos la que nos genera problemas, en especial cuando ha sido generada a partir de confusiones que nos hacen vernos a nosotros mismos de un modo que se aleja de la realidad.

Cuando alguien nos falta el respeto, muchos sentimientos afloran: unos se sienten frustrados, otros se enojan, otros se deprimen... Sin embargo, quien goza de autoestima no reacciona bajo los mismos códigos de la persona que le faltó el respeto, porque en principio, no resuena con las palabras y las acciones ofensivas del otro, ni mucho menos dará crédito a esas opiniones negativas sobre sí mismo, porque se conoce lo suficiente.

Una regla de oro que jamás rompo es: *"Yo no creo lo que dicen los demás de mí; nadie sabe mejor que yo lo que pienso, lo que siento y lo que me motiva a actuar de una determinada manera o de otra..."*

Lo que otros dicen de mí nada tiene que ver conmigo; Tiene que ver con ellos...

Durante toda mi experiencia practicando diversas modalidades terapéuticas, entendí que cuando nosotros hablamos de los demás, no estamos criticando a esas personas, sino que nos estamos criticando a nosotros mismos; estamos reflejando algo que nosotros traemos: *"Así soy, y así es como lo veo".*

Cuando criticamos a alguien, para bien o para mal, no estamos juzgando a esa persona; juzgamos algo que no nos gusta de nosotros mismos, y lo mismo ocurre cuando alguien nos crítica o nos quiere ofender: no sentimos esa ofensa, porque es esa persona quien está actuando de acuerdo a quien ella misma es, y no yo.

Cuando una persona emite comentarios negativos sobre nosotros, inmediatamente nos defendemos, porque creemos que los demás creerán esa información. En cambio, si nuestra autoestima se encuentra equilibrada, no tendremos la necesidad de defendernos de nadie, porque lo que predomina es lo que realmente tú crees y sabes de ti.

Ningún extremo tiene relación con la autoestima; ella se ubica en el punto de equilibrio que nos da la realidad.

En esa misma medida, la gente que te conoce no va a creer lo que esa otra persona está diciendo, y los que no te conocen quizás lo crean, pero eso a ti no te afecta de ninguna manera.

El ego es esa vocecita que viene de tu programación y se manifiesta de dos maneras: o te etiqueta, te juzga, te hace ver como culpable, como víctima, o te eleva y te hace sentir mejor o más que los demás.

La autoestima es eso que llamamos "*amor propio*", y nunca va a hacernos daño; es lo que te lleva a poder decir: *"Yo me amo, yo me acepto, yo me cuido, yo me respeto, pero así como yo me amo, me acepto, me respeto y me cuido, lo hago también con los demás, pues son tan importantes como yo".*

Tu autoestima no es tu ego; es tu grandeza. Es ahí donde ves hacia adentro y te descubres verdaderamente a ti mismo; es ahí donde se encuentra nuestro punto de partida.

*Creo realmente en mi vida,
así que tengo el poder
de crearla como yo quiera.*

Hay otra voz interna de la que hemos escuchado hablar mucho, y que empieza a salir cuando decidimos trabajar en nosotros y nos descubrimos: es la voz de la *intuición*, la voz del amor, la voz de nuestras divinidades, incluso, la podemos llamar "la voz de Dios".

Al igual que la verdadera autoestima, la intuición está ahí para ayudarnos a sobrellevar las vicisitudes que se nos presentan a diario, y nunca va a hacernos daño.

Muchas veces no logramos escuchar a la intuición porque está cubierta por el ego, pero cuando comienza nuestro autodescubrimiento logramos identificar las diferentes voces: una que viene de lo que nos han dicho, de lo que hemos aprendido, y otra que viene de nuestra sabiduría interna, de nuestras divinidades, de Dios. Aquellas son el resultado de nuestra programación, mientras que estas provienen de nuestra grandeza intrínseca.

Esto es algo que necesariamente tenemos que poner en práctica para poder auto descubrirnos; es entonces cuando consigues ir formando todos los conocimientos a través de ti, de tu esencia como ser humano, con los rasgos de tu personalidad, de ti como individuo que se va descubriendo a través de sí mismo.

De acuerdo a como vayas trabajando en tu programación, irás buscando el equilibrio para que la misma vaya adquiriendo el carácter que tú deseas darle, siempre dentro de los cánones de la nobleza, el amor, el respeto y la valoración hacia los seres humanos.

ASPECTOS POSITIVOS DEL EGO

Todo lo anterior no quiere decir que el ego sea el villano del cuento; al contrario, se trata de una parte muy importante de nuestra naturaleza humana, que está aquí para enseñarnos una serie de factores que debemos transformar en nosotros mismos, e incluso, para nutrir sanamente nuestro poder personal para impulsarnos a evolucionar. Sin embargo, no podemos emplearlo adecuadamente en pro de fines positivos si no sabemos manejarlo adecuadamente.

Aunque hayas fortalecido tu autoestima, quizás tu ego quiera salir de vez en cuando, pero tu consciencia reprogramada te va a permitir crear alertas sobre su comportamiento, diciéndote; *"Mira, estás haciendo las cosas mal", "Tú vales", "¡Qué mentiroso!"...*

Nuestro diálogo interno es un continuo proceso de negociación con las distintas dimensiones de nuestra consciencia.

No debemos ignorar nuestras vocecitas internas; por el contrario, debemos prestarles mucha atención, porque todo lo que nos tienen que decir es importante, y por eso la estrategia que debemos emplear es negociar con ellas; escucharlas analizando lo que nos dicen, sin hacerles caso de forma automática, pero sin subestimar lo que nos quieren transmitir.

Es una maravilla hacernos amigos de nuestro ego, porque ya no podrá controlarnos, ni mucho menos llevarnos a los extremos.

Créeme: el ego es bastante terco; primero nos decimos una cosa, luego otra, luego nos refutamos ambas. Sin embargo, cuando lo miramos conscientemente, ya no puede victimizarnos, ni tampoco hacernos sentir que somos mejores o peores que los demás, pues ya no te comparas con nadie.

Cuando empezamos a poner en práctica todas estas formas de programar nuestra mente, podemos descifrar nuestros miedos y negociar con nuestro ego, esa imagen de nosotros mismos que hemos creado en base a la programación impuesta por el contexto social y cultural donde nos hemos desarrollado.

Todo lo que has almacenado a partir de todas tus experiencias de vida; todo lo que las personas a tu alrededor moldearon en torno a ti desde que eras una niña o un niño, y que has arrastrado hasta tu adultez, es lo que define tu ego.

Cuando haces nuevas programaciones, tu ego automáticamente cambia; sin embargo, no se va a dar por vencido, y siempre va a intentar sabotear tus procesos; va a querer darte la vuelta. Está allí para que crezcas.

El ego nos ayuda a crecer
cuando lo sabemos manejar.

Si dejamos que nuestro ego tome el control, nos va a arrastrar de un extremo al otro: o nos victimiza, o nos hace creernos más que los demás.

Espero que aprendas a conciliar buenos tratos con tu ego; presta atención a los detalles que te está diciendo esa vocecita; cámbiala, entiéndela, compréndela y convéncela, como si le estuvieras hablando a tu mejor amigo, o a tu peor enemigo... Solo tú lo sabes, y lo harás como quieras, pero indefectiblemente, debes aprender a negociar con tu ego.

Cuando tu autoestima se encuentra sana y equilibrada, es posible canalizar la fuerza de tu ego a tu favor.

Por ejemplo, para impulsarte a creer que puedes alcanzar tus metas y logros en diversas áreas, para sentirte a gusto contigo mismo, para valorar y disfrutar de todo lo positivo que rodea tu vida, entendiendo que se trata de bendiciones y oportunidades que debes aprovechar productivamente. Una dosis razonable de ego puede resultar muy saludable en ciertos casos, porque te estimula a sentirte capaz;

fíjate que cuando hablamos de un enfoque positivo del concepto de ego, no nos estamos refiriendo al hecho de asumir una actitud arrogante, ni de sentirte superior a los demás, sino a la posibilidad de sobreponerte a tus límites, avanzando un poco más, hacia zonas inexploradas de tu propia voluntad.

El lado positivo del ego puede darte la confianza que necesitas para atreverte a querer mejorar en algún aspecto de tu vida; este tipo de "ego positivo" puede verse como una forma de autoestima, que te permite avanzar hacia nuevos horizontes sobre bases realistas, derivadas de un verdadero autoconocimiento.

Sobrevalorarnos es tan nocivo como infravalorarnos; algunas personas asumen que la modestia es el antídoto contra el ego tóxico, pero en todo lo que se refiere a la mente, cualquier extremo es peligroso.

Muchas veces, la aparente falta de retos y aspiraciones puede convertirse en una manera de ocultar un sentimiento de poca valía o de poca capacidad; en otras palabras, estaríamos ante un ejemplo de falta de autoestima disfrazada de desapego y humildad.

Indefectiblemente, la manera de reconocer la autoestima y el ego saludable es la paz personal y la felicidad; si te sientes a gusto contigo mismo, estás seguro de tus capacidades y eres respetuoso de tus límites, puedes avanzar sin temor a lastimarte ni lastimar a nadie más.

Una buena autoestima implica reconocer tu valor como ser humano, y al mismo tiempo, reconocer que todos los seres humanos tenemos el mismo valor.

Tener buena autoestima es ver en forma horizontal hacia la vida; no hacia arriba ni hacia abajo.

¿CÓMO MEJORAR MI AUTOESTIMA, Y EVITAR QUE MI EGO ME CONTROLE?

Mientras seamos humanos, tendremos ego; por eso es tan importante aprender a manejarlo y a dirigirlo hacia la vida que deseamos crear y vivir. Cuando aprendemos a manejar y a negociar con nuestro ego, podemos crear la vida que deseamos, y el camino para lograrlo es el autoconocimiento de ti mismo.

Mientras tengamos esta existencia humana, no podremos desprendernos del ego; sin embargo, podemos aprender a manejarlo para que no nos controle la vida.

Lo primero que necesito hacer es reconocer que *yo no soy mi ego*; que *yo soy el que crea mi vida*. El camino para aprender a manejar mi ego es *el autodescubrimiento y autoconocimiento de mí mismo*.

Mientras más me conozco a mí mismo, mejor puedo negociar con mi ego y hasta moldearlo para adecuarlo a la vida que deseo vivir.

Existen muchas cosas que podemos hacer para aprender a manejar nuestro ego; a continuación, te menciono siete de ellas:

- Deja de tomar las cosas de forma personal; las personas hablan por ellas mismas (por su propio ego); no por ti. Aprende a quedarte solamente con lo que te sirve y te ayuda a mejorar tu vida; lo demás, ¡déjalo ahí!

- Deja de juzgar y criticarte a ti mismo y a los demás; aprende a ver tu grandeza y la grandeza de las personas que te rodean. Todo ser humano tiene el poder de sacar lo mejor o lo peor de cada persona.

- Deja de culpar a los demás y de victimizarte por todo; aprende a tomar responsabilidad sobre tu vida. Cada ser humano crea su propia vida; nadie más la crea por ti.

- Deja de competir y compararte con los

demás, y de querer ser "el mejor"; aprende a reconocer tus fortalezas y talentos. Cada ser humano es único y original; no hay copias, así que esfuérzate por ser la mejor versión de ti mismo, y deja que los demás hagan lo mismo.

- Deja de buscar el reconocimiento y la aceptación de los demás; aprende a reconocerte a ti mismo. El reconocimiento más importante es el tuyo propio, y es el único que necesitas.

- Deja de ver diferencias y niveles en los seres humanos, y aprende a ver el valor de cada uno. Todos tenemos el mismo valor; nadie es mejor que nadie.

- Deja de buscar tener la razón, y aprende a convivir con personas que piensan diferente a ti. No hay verdad absoluta; cada quien tiene su propia verdad; cada ser humano goza de libre albedrío para decidir lo que quiere creer, ser, hacer y tener, y merece respeto por igual.

Nuestro trabajo como humanos es encontrar un balance (armonía) entre el ego, que representa nuestra parte humana, y nuestra Divinidad, que representa nuestra verdadera grandeza como seres humanos.

Mientras más te conoces a ti mismo, más practicas tu grandeza divina, y menos el ego se manifiesta.

¿Cuando empiezas...?

6. Hábitos de Vida que nutren tu Autoestima

Si realmente quiero

mejorar la situación,

puedo trabajar en lo único

sobre lo cual tengo control:

yo mismo...

Stephen Covey

Los seres humanos somos seres de hábitos; te invito a que practiques a diario todas las herramientas que aquí comparto, o aquella con la que te sientas más cómodo. Todos estos conocimientos son hábitos de vida, es decir, no te van a servir si solo los aplicas una vez.

A lo largo de este libro has encontrado mucha información, pero no vas a notar la diferencia si sólo los pones en práctica dos o tres semanas. Hay que saber digerir la información; darse un tiempo para reflexionar y desenredar los hilos de nuestra consciencia; muchas veces, las personas se mienten a sí mismas, y creen que por comprar un libro serán resueltos todos los conflictos de su vida.

Yo te digo: Si no vas a poner en práctica lo que aquí te indico, si no lo vas a ver como inversión, es mejor que no gastes tu dinero; desafortunadamente a muchas personas les pesa invertir unos cuántos dólares en su crecimiento personal, y terminan echando su dinero a la basura, porque lo ven como un gasto, y no como una inversión.

Siempre recomiendo que aquellas personas que realmente necesitan una ayuda, inviertan en beneficiarse, y que los caminos que transiten sean para el logro de su crecimiento.

Mi intención es que, por este medio, puedas desarrollar una excelente autoestima; para que te ames a ti mismo, para que te valores, para que te respetes, para que creas en ti, para que tu vida cambie y para que despeguen todas aquellas cosas que quieras emprender, pero para lograr todo esto, necesitas crear **hábitos de vida,** porque los seres humanos somos seres de hábitos. Necesitamos desarrollar rutinas que nos ayuden a mejorar la forma de percibir nuestro entorno, generando un desenvolvimiento más coherente con nuestras creencias, con lo que realmente somos y todo lo que queremos ser.

En este libro he puesto en tus manos diferentes herramientas para ejercitar la puesta en práctica de tu nueva programación.

Empezamos con la oración de apertura, que te permitirá todas las mañanas volver a creer en ti y te ayudará a tener un mejor día.

También te he compartido ejercicios para perdonar y sanar episodios que hayan marcado un antes y un después en tu vida, y aunque se trata de un ejercicio que no debes realizar todos los días, si lo haces con constancia cada tres semanas o más, irás perdonando y sanando progresivamente.

Luego nos adentramos en el mundo de las *afirmaciones*, haciendo uso del vocabulario del amor, descubriendo cómo nuestras palabras tienen el poder de transformar nuestra autoestima.

Hicimos un recorrido por las diferentes técnicas de programación: la visualización creativa; cosas tan hermosas como cantar nuestras afirmaciones, hacerlas música; pararnos frente al espejo y mirarnos más allá de los ojos; tener un dialogo contigo mismo; bailar, cantar, moverte...

Fuimos descubriendo cómo podemos manejar nuestras emociones, reconocerlas a tiempo y, conscientemente, poder transformar esa energía para que no te haga daño a ti ni a los demás.

Todos estos son *hábitos de vida*; no son para que se queden en el papel, en el texto, sino para que los practiques y los conviertas en acciones automáticas; en tu nueva normalidad.

EL TIEMPO PERSONAL

El tiempo es lo más preciado que tenemos, y debemos darle la importancia que amerita. Especialmente, las mujeres nunca tenemos tiempo; me refiero al tiempo personal, el tiempo que le dedicamos a nuestro propio ser; por eso siempre vivimos en un caos.

En el sistema de obediencia en el que estamos envueltos, las mujeres no tenemos tiempo personal o no tenemos vida personal. Prácticamente desde que nacen, las niñas se encargan de complacer a sus padres; luego a los demás, pasando por el novio y desviviéndose por él, hasta que finalmente se casan y entonces comienza a vivir para servir, primero a su marido y a las labores del hogar; luego a sus hijos y después a los nietos, pues ahora es la abuela que vive para ellos.

La mujer por lo general nunca tiene un tiempo personal, y ese tiempo es la base del sentido de la vida de todo ser humano; si queremos que nuestras vidas cambien, vamos a requerir tener tiempo personal básico, como el que nos dedicamos cuando dormimos, cuando nos bañamos, cuando nos arreglamos...

El tiempo personal es el que necesitamos para conectarnos con nosotros mismos, para meditar y recordarnos quiénes somos.

Lamentablemente, muchas personas se casan y nunca más vuelven a hacer aquello que les gusta. Lo que nos divierte y nos hace sentir bien es nuestro tiempo personal; debemos saber escoger nuestras rutinas, pues muchas veces no tenemos tiempo ni para comer... ¡No hay tiempo para nada!

Organicemos nuestro tiempo a nuestra conveniencia; a fin de cuentas, vivimos en él...

Vivimos estresados, frustrados, atrapados en un día a día que no nos permite tener ese espacio y ese tiempo personal, a pesar de que son indispensable para que el ser humano funcione.

Nuestras decisiones deben ser certeras, pues son el ejercicio de nuestra voluntad.

¿Cuáles son los hábitos relacionados con tu tiempo personal? Son lo que quieres para ti. Para empezar, deberías tener tiempo para comer;

deberías tener tiempo para ejercitarte; deberías tener tiempo para darte una ducha; deberías tener tiempo para dormir... Eso es el tiempo básico; si no lo tienes, empieza por ahí, porque son esos hábitos los que te ayudarán a valorarte; te ayudarán a sentirte bien, a cuidarte. La autoestima es cuidarte; el amor es cuidarte

Cuando se tiene tiempo personal, no nos abandonamos jamás; no somos lo último que ponemos en nuestra lista de prioridades. Afirma conmigo: *"Yo soy lo primero que pongo en mi vida"*.

Empieza por darte ese tiempo, pero si ya lo tienes, ve aumentándolo, incorpora tiempo para meditar, tiempo para conectarte con tu ser interno, tiempo para ejercitarte no solo físicamente, sino también espiritualmente; tiempo para escribir, para leer, para sentirte mejor, para sentirte en paz, o lo que es igual, tiempo de oración. Lo demás vendrá por añadidura.

Puedes sacar tiempo para divertirte, para ir a la montaña, como yo lo hago: me gusta ir sola; es mi tiempo personal. También me gusta cantar en mi tiempo personal.

Ahora que yo te he dicho qué es lo que me gusta, es hora de que definas qué es lo que te gusta a ti. Empieza a crear tus propias rutinas, porque no hacerlo es una forma de abandonarte, de no cuidar de ti mismo.

Si eres una de esas personas que no cuentan con un tiempo para comer, para bañarse o para hacer ejercicio, empieza seriamente a configurar tu tiempo personal, y poco a poco podrás ir incorporando otras actividades en ese nuevo espectro de tu existencia.

Los seres humanos experimentamos cuatro tipos de tiempos:

1. Tiempo personal.

2. Tiempo familiar.

3. Tiempo de planeación.

4. Tiempo de acción.

Los tiempos de planeación y acción están más relacionados con la productividad, por lo cual no van a ser tratados en este libro.

El tiempo familiar es el que compartimos con nuestros hijos, con nuestras parejas y demás seres queridos. La mujer en particular tiende a reemplazar el tiempo personal con el tiempo familiar; como esposas o madres, lo usual es que no tengan ese espacio individual en el que no sirven a nadie más que a sí mismas.

A veces creemos, o nos hacen creer, que una vez que nos convertimos en esposas o madres, nuestro tiempo personal debe ponerse al servicio de la categoría del tiempo familiar. Eso no es verdad.

Sea que se trate de tu tiempo personal, o de tu tiempo familiar, debes convertirlo en un tiempo de calidad, y no de cantidad.

ESCRIBE PARA CONOCERTE

Recuerda que, por lo general, tenemos toda una vida siendo unos completos desconocidos para nosotros mismos, así que iniciar un proceso de autoconocimiento requiere de paciencia, tolerancia y valor; en todo caso, es fundamental no autoengañarte, y en este sentido, el ejercicio de la escritura resulta fabuloso, porque de alguna manera te conecta con tu subconsciente de manera casi inmediata, y sobre todo, muy auténtica.

Sin darnos cuenta, muchas veces editamos la realidad mientras hablamos.

Es un proceso muy veloz, y por eso nos parece muy natural ir arreglando las palabras para que no suenen igual que nuestros pensamientos; esto no ocurre necesariamente cuando escribimos para nosotros mismos, quizás porque tenemos la certeza de que es algo privado, solo para nosotros, y eso nos da la confianza de ser absolutamente transparentes.

Es por ello que otro de los hábitos que recomiendo es el de escribir; esta es una técnica infalible que te permitirá conocerte mejor, darle un formato a tu presente descubriendo qué quieres, qué te gusta, permitiéndote aclarar tu mente, saber por qué te ofendes o por qué te sientes de una forma u otra.

Empieza con 10 minutos de escritura al día; después, aumenta a 15 minutos, y luego a media hora; es un tiempo para ti, una cita contigo que te permitirá hacer una introspección y autoevaluarte.

Otra modalidad que puedes implementar es que durante la semana escribas solo por 10 minutos al día, y para el sábado y domingo te regales una hora.

Estos hábitos de vida te ayudarán a conectarte con tu mente y tu consciencia, para que empieces a ver el mundo desde otra perspectiva; te ayudarán a conocerte, y de ahí se desprende todo lo que tiene que ver con nuestra autoestima.

Es imposible trabajar en tu autoestima si no te conoces.

Es momento de que empieces a tomar cartas en el asunto: comienza a hacer ejercicios, a comer diferente, a divertirte más. Nunca vas a saber qué te gusta si no lo experimentas, y tampoco va a venir alguien a decir qué es lo que a ti te gusta o no.

De hecho, no solo te recomiendo que escribas, sino que, además, lo hagas de forma analógica: escritura manual con lápiz y papel.

Está demostrado que la caligrafía manual estimula conexiones cerebrales fundamentales para el proceso de autodescubrimiento.

Eso sí: Cuando escribas, debes hacerlo con sinceridad, es decir, sin miedo a equivocarte y sin guardarte nada; puedes tachar, garabatear, ¡incluso escribir con errores! Nadie te va a reprobar por ello.

Si hasta ahora no has experimentado el placer de explorar tu mundo interior a través de la escritura, te invito a que comiences a hacerlo; es una alternativa accesible, económica e inmediata para acceder a lo más profundo de tu consciencia, y sobre todo, muy efectiva.

Uno de las mayores bondades que nos aporta el ejercicio de la escritura es que nos permite viajar en la memoria, recuperar nuestros recuerdos y volver a mirarlos con ojos críticos en el presente, lo cual puede resultar mucho más sanador que evadirlos.

Otro aspecto muy importante de la escritura enfocada en el autoconocimiento es que te permite planificarte, definiendo con claridad hacia dónde quieres ir y cuáles son tus objetivos.

Escribir no solo te ayuda a sanar tu pasado, extrayendo de tus vivencias las enseñanzas que hayan podido aportar a tu crecimiento; este hábito también se convierte en una herramienta muy valiosa para enfocar tu futuro con claridad.

NADA ES CONTRA TI

Una regla inquebrantable y necesaria que debemos respetar si queremos hacer un buen trabajo con nuestra autoestima es: *"No tomarnos las cosas de forma personal"*. Lo que la gente dice de ti no tiene nada que ver contigo; tiene que ver con el otro, y esa es la premisa. En lugar de reaccionar, mejor pregúntate: *"¿Por qué me siento ofendido?, ¿Qué puedo aprender yo de eso?"*.

Por ejemplo, si una persona te dice que eres egoísta y que solo te importa lo tuyo, evalúate;

entonces verás si eres egoísta o no, y en el caso de lo seas, es ahí donde empiezas a trabajar, no en la otra persona, sino en ti mismo.

No tomarte las cosas de manera personal es una regla de vida que te permite permanecer en el centro de las situaciones, sin irte a ninguna de las esquinas a donde pretende llevarte el ego. Entender este principio está relacionado a la forma en que manejamos nuestras emociones.

Las emociones no se controlan, sino que se aprenden a manejar.

La idea es poder canalizar esa energía, darnos cuenta y reconocer cómo nos sentimos, y aquí la clave es el hábito.

Desde que te levantas, pregúntate: *"¿Cómo me siento en este momento?"*. Coloca una alarma en tu teléfono que te recuerde preguntarte cada dos horas cómo te sientes, y si no te sientes bien, preguntarte: *"¿Qué puedo hacer yo en este momento para balancear mi energía y sentirme mejor?"*

RESPIRA CONSCIENTEMENTE

Otro hábito muy saludable para fomentar tu autoestima consiste en respirar conscientemente. Puedes hacer tres inhalaciones y luego exhalas lentamente; esto te va a tomar escasamente veinte segundos.

Hazlo a las diez de la mañana; luego a las 5 de la tarde, y de nuevo a las 8 de la noche. Esto va ayudarte a pensar mejor, a conectarte contigo, a sentirte cada vez más pleno.

Respira profundamente, realiza respiraciones conscientes, muévete, toma fuerzas para poder manejar esa energía. Cuando respiras, cuando te mueves o cuando haces lo que te gusta, estás dinamizando tu energía, haciéndola circular en lugar de reprimirla.

Si la energía es muy fuerte, como por ejemplo, un enojo acompañado de frustración, mueve el cuerpo: brinca, baila, canta, haz ejercicio; esto te va ayudar a manejar esas emociones, a drenar esa energía, porque eso es lo que te hace reaccionar: esa energía que vienes cargando, que te hace pensar en cosas negativas, que te lleva a desquitarte con otras personas.

Respira, y si respirar no es suficiente para sentirte mejor, ¡muévete!

De esto se trata el manejo de las emociones, y conforme lo vayas practicando, vas a ir mejorando en la vida.

No olvides practicar este hábito: Desde que te levantas, cada 2 o 3 horas, tres veces al día, pregúntate: *¿Cómo me siento en este momento?* Puedes poner un horario; por ejemplo, a las 10 de la mañana, a las 5 de la tarde y a las 8 de la noche, y si no te sientes bien, ¡actúa! Haz algo para mejorarlo.

¡Muévete!

El ejercicio físico es recomendable, pero no necesariamente tienes que asistir a un gimnasio. Empieza a caminar alrededor de tu casa por 15 minutos, y luego realiza alguna rutina que encuentres en algún video con instrucciones durante veinte o treinta minutos.

El ejercicio físico no es solo para rebajar tallas o perder peso, sino que te ayuda a mejorar en tus distintas dimensiones, en todo lo que tú eres. Te invito a que pongas en práctica todos esos hábitos en ti.

Mover tu cuerpo físico implica sacudir también tu cuerpo energético; recuerda que, excepto para fines de nuestra comprensión, nada está separado: somos una totalidad, y todo lo que hagamos en cualquiera de nuestros cuerpos afectará positiva o negativamente a los demás.

MEDITACIÓN: *CAMBIANDO MI HISTORIA.*

- A continuación, vamos a cambiar esa historia que hemos venido cargando desde hace muchísimo tiempo, y lo vamos a hacer mediante una pequeña meditación.

- Lo primero que necesitamos para meditar es estar cómodos, así que tómate tu tiempo para ubicarte adecuadamente.

- Coloca una música adecuada que te muestre el camino hacia tu Ser interior con sus notas largas y apacibles.

- Cierra los ojos y respira lentamente: inhalas despacio por la nariz, retienes la respiración por unos segundos y exhalas también despacio, bien sea por la boca o por la nariz. Vuelve a inhalar, retener, exhalar.

- Deja que la música te envuelva; coloca tu mano derecha abierta sobre tu corazón; siente cómo lo cubres con la palma de tu mano. Frota lentamente con pequeños movimientos mientras sigues respirando; sentir nuestro propio corazón nos permite conectamos directamente con nosotros mismos.

- Podemos realizar esta práctica a cualquier hora del día, incluso varias veces. Notarás que empiezas a sentir mucha tranquilidad; relaja todo tu cuerpo; siente cómo tu cabeza se relaja.

- Fija una ruta hasta llegar a tus hombros; siente cómo caen, pues están relajados, y tu cabeza flota en el aire. Relaja tus piernas, tu estómago; siente cómo cada musculo de tu cuerpo va cediendo, soltando su tensión.

- Relaja ahora tus pies y tus manos; hay una tranquilidad infinita. En este momento te adentras en tus vivencias; en tus recuerdos... Busca esa historia de vida que llevas cargando; esa historia que quieres cambiar; esa historia que no te gusta, y mientras tanto, no permitas que tu estado de relajación cambie.

- Solo piensa en esa historia que deseas cambiar, esa experiencia que aún te hace daño. Ya estás envuelto en esa situación: puedes ver en detalle cada acontecimiento, escuchar las palabras, percibir aromas, ver a las personas involucradas en esa historia. Sencillamente, estas regresando a ese punto de tu vida; sabes dónde estás, cómo estás vestido, cómo estás peinada, cuántos años tienes... Reflexiona y analiza, ¿qué pasó en ese momento? ¿A quién culpas en esa historia? ¿Qué fue lo que realmente ocurrió? ¿Quién fue la persona que te hizo mal?

- Tienes a esa persona en frente de ti; está ahí, contigo. Pueden verse a los ojos y sentir el encuentro, y te preguntas: ¿Por qué la culpas? ¿Qué crees de esta situación? ¿Cómo te afecta esa historia en el presente? ¿Cómo te sientes cuando la recuerdas?, ¿Por qué culpas a esa persona?

- Si quieres, exagera la situación; aquí puedes verte culpable, sentirte culpable o sentirte la víctima si así lo deseas; puedes echarle la culpa a los demás. Vive esa historia como la viviste en su momento; recuerda que estas personas actuaron porque era la única forma en que sabían hacerlo; cuando tú culpas a otras personas, en realidad lo único que estás haciendo es limitándote, generándote malestar.

- Esas personas no quisieron hacerte daño; ellos vienen cargando con sus propias historias, y lo único que estaban haciendo era repitiendo patrones e historias que ellos mismos traían sobre sus espaldas. Ellos lo hubieran querido hacer de otra manera, pero no sabían cómo; nadie se los enseñó.

- Es el momento de hacerte esta pregunta consciente: ¿Quieres andar cargando con este tipo de historias? Tú te mereces tener una mejor vida, tú te mereces estar bien, te mereces todo lo mejor; sin embargo, al culparte o al culpar a los demás te estás limitando, estás limitando todo ese amor, toda esa grandeza que tú eres.

- ¿No crees que es hora de cambiar esa historia? ¿No crees que es hora de darte permiso de modificar el guion de tu película? ¿Quieres hacerlo? ¿Quieres darte permiso de cambiar esa historia?

- Solo si lo haces, podrá aflorar ese ser humano amoroso, ese ser humano poderoso, ese ser humano que está allí, dentro de ti, queriendo salir, pero tú no lo dejas gracias a todas esas historias que te has contado, por todas esas historias que has venido repitiendo, pero ahora quieres darte el permiso de cambiar esta historia, quieres darte el permiso de sentirte bien.

- Recuerda que cada historia tiene dos caras: una te sirve para mejorar, para aprender, y la otra te victimiza y te culpa. ¿Cuál de ellas quieres ver?

- En esta historia puedes comenzar a ver esa parte que te sirve, esa parte que te ayuda; quieres empezar a ver esa parte que te engrandece, que saca lo mejor de ti, o puedes escoger esa parte que te hace daño; que te culpa...

Si te das permiso de cambiar la historia, ¡puedes hacerlo!

- ¿Qué has aprendido de esta historia? Porque, a lo mejor, gracias a esa historia, eres la persona que eres ahora; a lo mejor no eres la mejor persona del mundo, pero eres una persona que ha hecho lo mejor con lo que tenía hasta ahora...

- Todas estas historias han hecho a la mujer o al hombre que está aquí en este momento, en el presente, y de ti depende si esa historia te marca la vida para bien o que te marca tu vida para mal.

- Es importante que empecemos a cambiar esa historia, ver qué aprendiste de ella y para qué te ha servido esa vivencia; esa experiencia. ¿Cómo crees que te ha beneficiado esa historia?, ¿Qué amas de ti en este momento?

- Estoy segura de que sabes que, justo en este momento, la persona que eres tiene cosas positivas y es maravillosa... ¿Cuáles son? ¿Puedes decirlas? ¿Recuerdas todos los talentos que tienes, todas tus habilidades? ¿Qué te ha hecho mejorar?, ¿Qué te ha hecho crecer en tu vida? Todo esto es gracias a este tipo de historias.

- Sigues profundizando dentro de ti mismo; ahora, dale las gracias a estas personas, agradece por esas situaciones que te permitieron ser el gran ser humano que eres en este momento.

- Esta historia te puede ayudar a crecer... ¿Cómo llamarías a esta historia? ¿Qué título le pondrías? Tú tienes el poder de cambiarlo todo, de sacar lo mejor, tienes el poder de sanar; en este momento, te das el permiso de dejar ir todos los factores de esta historia que te hacen daño.

- Repite una y otra vez: *"Yo me doy permiso de dejar ir lo que no me sirve; yo me doy permiso de transformar toda esta energía en amor; yo me doy permiso de liberarme y de liberar a todas las personas involucradas en esta situación; yo me doy permiso de agradecer el haber tenido esta experiencia, porque ahora, en este momento, la puedo soltar y solamente quedarme con el aprendizaje que esta experiencia me ha dado. Yo me doy permiso de tomar lo mejor de esta historia, porque soy yo quien decide mi vida; mis historias no deciden por mí, soy yo quien decide mi vida; soy yo quien elige sentirse bien; soy yo quien decide qué parte toma de cada historia. Yo soy grandioso; yo vivo y reconozco mi valor; yo soy amor; todo lo que habita en mí es amor puro; yo me amo y me acepto completamente; yo me valoro; yo creo en mí; yo me respeto; yo confío plenamente en mí. Yo me cuido, porque yo soy lo más maravilloso de este mundo".*

• Abrázate con todo el amor que tienes para ti; abraza todas tus historias, porque ellas tienen una parte que te sirve: esas historias te han convertido en el ser humano que eres ahora, y te han traído aquí a este preciso momento en el que renaces, en el que reconoces tu valor, en el que tú eres amor, en el que tú eres el camino.

• En este momento, puedes ver a ese ser humano empoderado que tiene la capacidad de decidir, que tiene la elección y que decide practicar su grandeza, que decide ser lo que realmente es: **Amor.**

- Abrázate y respira... Inhala, exhala ... Otra vez, inhala y exhala... Ve soltando tus brazos... Relaja tu cuerpo... Inhala y exhala nuevamente... Abre tus ojos y comienza a mover tu cuerpo poco a poco.

- El objetivo principal de todas estas recomendaciones es que las pongas en práctica, no solo una vez, porque no te va a ayudar; es necesario que empieces, que lo practiques y lo hagas un hábito. Empieza con una de estas técnicas, después otra, luego otra, y así sucesivamente.

- Lo que requieres es activar tu autoestima, y no solamente quedarte con la información.

*Muchas gracias por haber estado aquí;
muchas gracias por tomar la decisión
de leer este libro...*

¡Gracias! ¡Gracias! ¡Gracias!

Yo Soy Patricia Anaya,

Yo Soy Abundancia

¡Que tengas una bendecida vida...!

Yo SOY™
abundancia
+AMOR +SALUD +DINERO +FELICIDAD +ÉXITO

Patricia Anaya
Coach de Eduación y Consciencia
Escritora, Conferencista y Directora Creativa

www.YoSoyAbundancia.me
www.Facebook.com/YoSoyAbundancia.me
www.Facebook.com/PatriciaAnayaCoach
www.Facebook.com/Brainywoman

TikTok **@PatriciaAnayaCoach**

* 9 7 8 1 6 3 8 9 5 0 0 4 2 *